나를 옭아매고 내 앞을 가로막는

일 버리기
연습

나를 옭아매고 내 앞을 가로막는

일 버리기
연습

도리하라 다카시 지음 · 오정희 옮김

마일스톤

본래 해야 할 일에 힘을 쏟는 비법

✓ 버리지 않으면 성과를 낼 수 없다

저는 인바스켓(In-Basket)이라는 비즈니스 역량 강화 기법을 연구하고 있습니다. 간단하게 말씀드리면 높은 성과를 내는 사람들의 행동 패턴을 연구해서 업무 역량을 강화하고 싶은 사람들에게 어떤 행동을 보태면 좋을지 알려 주는 일입니다.

인간에게는 반드시 행동 패턴이 있습니다. 그것을 분석해서 성과를 높이는 행동은 더하고, 성과를 방해하는 행동은 빼는 것이지요.

이 책에서 말씀드릴 '버리기'는 성과를 잘 내는 사람들이 보이는 행동 패턴입니다. '버리기'는 용기 있고 고차원적인 판단이 필요한 행동입니다. '새로운 일을 하기'로 결정하는 것보다 100배 정도 어렵습니다. 그래서 많은 사람들이 '버리지 않기'로 결정하고 지탱할 수 없을 정도로 많은 것을 떠안기를 자처합니다. 그것 때문에 중요한 것을 잃기도 하는데 말입니다. '버리지 못하는' 행동은 성과에 방해가 됩니다.

'아무리 노력해도 성과가 나지 않아.' '필사적으로 하는데도 좋은 평가를 받지 못하고 있어.' 이런 상황에 처하는 것은 '버리지 못하는' 행동이 여러분의 일을 방해하기 때문입니다.

⊌ 일의 8할은 버려라

관리자를 위한 연수에서 수강생들에게 각자의 업무를 분석하게 한 적이 있습니다. 수강생마다 현재 하고 있는 업무 종류가 많으면 80가지에서 적어도 40가지 정도였습니다. 업무 하나하나를 긴급한 정도와 중요한 정도에 따라 분류했더니 놀랍게도 진짜 해야 할 일은 전체의 2할 정도에 불과했습니다. 나머지 8할은 공들이지 않아도 되는 일인 것입니다. 예컨대 본래 부하 직원이 해야 하는 일, 해도 그만이고 안 해도 그만인 일, 본인만 해야 한다고 생각하는 일들입니다.

업무 진행 방식을 유형별로 분류하면 다음과 같습니다.

- 전부 하려는 타입
- 빨리 처리할 수 있는 것부터 진행하는 타입
- 눈앞에 있는 것부터 처리하는 타입
- 중요한 일에 무게를 실어 진척시키는 타입

여러분은 어떤 유형입니까?

많은 사람들이 중요한 일에 비중을 두어 처리하고 있다고 말합니다만, 실제로 업무 분석을 해 보면 결과가 정반대로 나옵니다. 별로 중요하지 않은 8할의 일에 시간과 에너지를 쏟고 있기 때문에 본래 해야 할 2할의 일을 하지 못하는 상황인 것입니다.

누구나 본인이 하고 있는 일이 중요하고 의미 있다고 생각합니다. 자신이 하는 일이 중요하지 않다는 얘기를 들으면 솔직히 화가 나고 반발하는 게 당연할 겁니다.

그러나 실제로 목표를 달성하기 위해 필요한 업무는 전체의 2할 정도일 뿐, 나머지는 그렇게 힘을 들이지 않아도 되고 버려도 괜찮은 일입니다.

인바스켓 평가의 출발점은 성과를 내는 사람이 취하는 행동입니다. 그중 가장 중요하게 여기는 행동이 취사선택, 즉 '중요하지 않은 일 버리기'입니다. 중요하지 않은 일은 하지 않아도 된다는 표면적인 이야기를 하려는 게 아닙니다.

저는 여러분이 이 책으로 일을 버리지 못하는 본질적인 이유인 '소망'과 '필요'라는 사고방식을 이해하고, 지금까지 필요하다는 생각으로 떠안았던 일들을 용기 있게 내려놓게 되길 바랍니다.

↳ 버린 후 생기는 여력 사용법을 배우자

이 책에서는 '버리지 못하는' 행동에 초점을 맞춰서 이야기를 해 나갈 것입니다. 하지만 이 행동이 문제의 본질은 아닙니다. 버리지 못하기 때문에 본래 집중해야 할 일에 집중하지 못한다는 게 본질적인 문제입니다.

며칠 전에 한 영업사원이 상담을 받으러 왔는데, 가방에서 자료를 꺼내려고 뒤지는 겁니다. 서류가 들어차서 빵빵한 가방을 부스럭부스럭 뒤지는 모습을 보고 있자니 이런 생각이 들었습니다.

'분명 이 사람은 성과를 내기 어려운 사람이겠구나.'

결국 그는 원하는 자료를 찾지 못했고, 빵빵한 가방에서 꺼낸 자료는 이리저리 눌린 나머지 휘어져 있었습니다.

저는 그렇게 많은 자료를 요구하지 않았습니다. 그러나 그는 뭐가 필요하고 뭐가 필요 없는지 몰랐기 때문에, 만약을 위해 필요 이상으로 많은 자료를 가방에 넣어온 것이지요.

버리지 못하는 행동은 예전에는 아까운 마음에서 비롯된 경우가 많았습니다. 그러나 요즘은 아무래도 다른 감정이 작용하는 것 같습니다. 그 감정이 물건이나 마음, 사고를 버릴 수 없게 하는 것입니다. 그것은 '버리기 공포증', 이른바 버리는 게 무섭다는 감정입니다.

버리는 데는 용기가 필요합니다. 용기를 내 행동하기 위해서 버려야 할 필요성과 버린 후 생기는 여력 사용법을 알아야 합니다. 이 책에서 그것을 알려 드리겠습니다.

이 책은 여러분이 짊어지고 있는 것을 내려놓고 본래 해야 할 일에 힘을 쏟는 법을 알려 주는 지침서입니다. 이 책을 읽고 깨닫는 것에 그치지 않고 실제 행동에 옮기기를 바랍니다.

⎘ 알면서도 못하던 것을 할 수 있게 된다

저는 인바스켓 기법을 활용해 많은 사업가를 교육하고 있습니다. 기존 교육처럼 새로운 지식을 가르치는 것이 아니라, 이미 갖고 있는 능력과 기술을 잘 발휘하는 법을 가르칩니다. 예를 들어 남에게 일을 맡기는 방법이나 필요성을 알면서도 혼자 업무를 떠안고 있는 사람이 있다면 실제로 '맡기는' 행동을 이끌어 내는 것이 제 목표입니다.

이 책은 '버리기' 행동을 실제로 함으로써 갖고 있는 기술이나 능력을 최대한 발휘하는 것을 목표로 하고 있습니다.

이 책은 이런 분들이 읽었으면 합니다.

- 매일 열심히 하고 있는데 성과가 나지 않거나 제대로 평가받지 못한다.
- 매일 시간은 순식간에 지나가는데, 무엇을 했는지 바로 떠오르지 않는다.
- 변하지 않으면 안 된다고 생각하지만 변할 수 없다.
- 해야 된다는 것을 알고 있지만 곧바로 행동으로 옮길 수 없다.

오해가 없도록 말씀드리면 이 책에서 말하고자 하는 것은 '정리 정돈을 해야 한다'라든가, '버리면 행복해질 수 있다'는 게 아닙니다. 저는 여러분이 갖고 있는 능력을 본래 해야 할 일에 집중해서 최대한 성과를 낼 수 있는 법을 알려드리려고 합니다.

세부적으로 말씀드리면, 1부에서는 여러분의 생각을 '버릴수 없다'에서 '버린다'로 바꾸는 법을 알려드립니다. 2부는 특별하게 이야기로 구성해서 잘 버리는 팁 17개를 제시합니다. 여러분 각자에게 맞는 방법을 선택해서 짐을 덜 수 있습니다.

마지막으로 3부에서는 버린 후 얻게 되는 것에 집중하는 방법을 알려드립니다.

저는 이 책을 누구라도 가볍게 읽을 수 있게 썼습니다. 너무 필사적으로 읽지 않았으면 합니다.

버리는 행동이 도무지 내키지 않는 분이라도 조금씩 실행할 수 있게 처음에는 간단한 '버리기'부터 단계적으로 실행해 나갈 것입니다. 본인이 할 수 없는 것은 건너뛰어도 됩니다. 전부 실행하는 것을 바라지 않습니다. 자신에게 필요한 '버리기'를 찾아서 용기 내어 그 행동을 실행하면 됩니다.

버리지 못해서 지금까지 많은 짐을 짊어졌던 분들이 이 책을 통해 조금이나마 홀가분해지기를 바랍니다.

차례

1부

계속 떠안고 갈 수 있을까?

2부

8할은 버린다

3부

2할에 집중한다

1부

계속 떠안고
갈 수 있을까?

버리지 못하면
앞으로 나아갈 수 없다

많이 가져야 좋다?

우리는 시나브로 잡다한 것들을 떠안고 있습니다.

모으고 많이 가지고 바쁜 것이 좋다고 배웠습니다.

제 자신이 그랬고, 제가 만나는 대기업 관리직, 많은 리더들도 그러한 성향을 보이고, 비즈니스 분야 저자, 강사, 컨설턴트 동료 대부분이 그렇습니다.

예를 들어 명함을 많이 갖고 있으면 인맥이 넓은 것 같고, 일이 많이 들어오면 필요한 존재인 것 같아 안심이 됩니다. 지역 자치위원회나 지인 모임, 친목회 등에서 운영을 맡거나 직함을 달면 자신의 가치가 높아지는 것 같습니다.

우리는 무의식적으로 많이 갖고, 많이 책임지고, 많이 성과를 남기는 것이 좋다고 생각하는 게 아닐까요?

반대로 갖고 있지 않는 것, 버려서 없애는 것을 두려워하고 있는 건지도 모르겠습니다.

⩔ 결국 모든 게 어중간하다

저는 강사로서 한정된 시간 내에 수강생들이 깨달음을 얻어 행동을 바꾸는 것을 목표로 강의하고 있습니다. 그런데 많은 내용을 강의하면 저 자신은 '해냈다'고 느끼지만, 오히려 수강생의 만족도나 행동 변화는 적습니다.

제가 미흡한 탓도 있겠지만, 성과가 떨어지는 원인을 분석해 보니 많이 알려주는 게 좋다는 생각이 실패를 초래했던 것이었습니다.

"욕심 부리다가 결국 이것도 저것도 아닌 게 되어 버렸어요."

"다른 사람의 고민과 문제를 필요 이상 떠안고 있었더니 제가 죽겠어요."

'판단력'이나 '우선순위' 등을 주제로 강연회를 하면 끝나고 이런 상담이 자주 들어옵니다.

많은 사람들이 본인이 끌어안고 있는 것을 추려내어 홀가분해지고 싶어서 세미나에 참석합니다. 그러나 실제로 홀가분해질 수 있는 사람은 유감스럽게도 기껏해야 절반 정도입니다. 나머지 반은 버릴 마음은 생겼으나 행동이 전혀 바뀌지 않아 변화가 없습니다. 버리고 다시 끌어안는 경우도 있습니다.

∨ 꼭 하는 질문들

'버리기'라는 표현 때문에 오해가 생겨서는 안 되므로, 우선 이 책에서 말하는 '버리기'의 의미를 설명 드리겠습니다. 여기서는 버려서 편해지려는 게 아니라, 분산된 힘을 모아서 집중하는 것을 목표로 합니다.

'중요한 일에 집중한다.' 또는 '전략적으로 자원을 집중시킨다.' '힘은 모으는 것에서 발휘된다.' 등 앞으로 하려는 이야기는 모두 집중의 소중함에 관한 것입니다.

인바스켓 세미나에서 수강자들에게 처음 60분 동안 안건 20개를 처리하게 하면, 놀랍게도 절반 이상의 사람들이 안건을 모두 처리합니다. 제가 이 과제를 낼 때 일부러 안건 20개를 처리할 수 없는 시간을 설정했는데도 말입니다.

결과를 보면 전부 처리하려고 했기 때문에 모두 어중간합니다. 형식적으로만 처리된 것일 뿐 그 어떤 것도 알맹이가 없습니다. 힘이 분산되면 결국 전부 모자란 결과가 나옵니다.

이런 이유로 2할의 안건에 8할의 시간을 집중 투입하자고 말씀 드리는 것입니다.

그때 어김없이 이 질문이 나옵니다.

"선생님, 나머지 8할의 안건은 어떻게 하면 좋을까요?"

어째서 이런 질문이 나올까 생각해 봤습니다. 모두들 과도하게 긴장하고 있고, 모든 안건에서 100점을 받으려고 하기 때문이 아닐까 생각합니다. 현실적으로는 불가능한데 말이죠.

모든 것을 해내려 하면 부지불식간에 이런저런 것들을 잃어버립니다. 아침부터 밤늦게까지 일만 하다가 정말 놓쳐서는 안 될 소중한 시간을 잃어버리거나, 반드시 갖춰야 할 교양이나 문화적 소양을 익힐 수 없게 되기도 합니다. 개중에는 능력 이상의 업무를 떠맡아 심적 부담을 자초하거나 건강을 잃는 경우도 있습니다.

모든 것을 얻으려고 하면 오히려 잃어버리는 것이 늘어납니다. 인바스켓 평가에서도 마찬가지입니다.

☑ 버리지 않으면 집중할 수 없다

인바스켓 평가로 승진시험을 치렀던 분들은 눈치챘을 수도 있는데, 이 평가에서는 제한된 시간 안에 많은 안건을 전부 해내려고 하면 정말 중요한 안건을 처리할 시간이 부족해 오히려 감점을 당하게 됩니다.

전부 하려고 하면 모든 것이 어중간해진다. 이런 경험, 있지 않나요?

성공의 법칙은 '선택하여 집중하는 것'입니다. 그 전제가 바로 버리는 것입니다. 선택한다는 것은 버린다는 것이므로, 버리지 않으면 집중할 수 없습니다.

인간의 처리 능력은 한계가 있습니다. 버리지 않고 끌어안으며 다 떠맡아 버리면, 허용량을 초과해 버려서 정말 소중한 것을 잃게 됩니다.

지금 주체할 수 없을 만큼 떠안고 있다면 버릴 준비를 하십시오.

성과를 내는 비법은
버리는 것

'아는 것'과 '할 수 있는 것'은 전혀 다르다

"취사선택해야 하는 건 알고 있어요. 알지만 못하니까 괴로운 거죠."

이런 소리가 저에게도 들리는 것 같습니다. 지론을 펼치는 것은 제 전문이 아닙니다. 제 전문 분야는 여러분이 알고 있는 것을 실행하도록 유도하는 것입니다.

먼저 제 소개를 하겠습니다.

저는 '인바스켓'이라는 교육기법을 연구하고 있습니다. 인바스켓이란 1750년대에 미국 공군에서 사용되기 시작한 교육기법인데, 극적인 성과를 내는 기법으로 평가받습니다.

당시 공군 교육 시설에서는 전투에 나가는 병사와 사관에게 전투 지식과 기술을 가르쳤습니다. 전부 이해시켜서 전투에 투입했지만, 대부분의 병사가 배운 지식을 활용하지 못하고 실패했습니다. 전투에서 실패란 죽음을 의미합니다.

전투 지식과 기술을 전부 익혔음에도 어째서 실제 전투에서는 활용하지 못하는지 미 공군이 분석하여 알아낸 한 가지는 '이해하는 것'과 '활용할 수 있는 것'은 완전 별개라는 사실이었다고 합니다.

그리하여 이해하는 것을 실행한다, 즉 성과가 나타나도록 유도하는 교육기법으로 개발된 것이 인바스켓입니다.

⩗ 버려야 한다는 생각을 행동으로 연결시키는 방법

인바스켓은 지금 대부분의 일류 기업에서 관리직이나 리더 채용 시험으로 활용되고 있습니다(한국에서는 LG (2010년)와 같은 대기업과 신한, 우리은행 등 금융권, 지역 난방공사(2015년) 등 공기업 신입 채용 면접에서 인바스켓 면접을 시행하고 있으며, 서울시와 교육청 사무관역량평가에서도 인바스켓 평가가 시행되고 있다 – 편집자주). 저도 이미 8천 명이 넘는 참가자들에게 인바스켓을 이용한 트레이닝을 실시했고, 많은 이들이 성과를 거두는 것을 보았습니다.

성과를 올린 사람들의 공통적인 특징은 이해한 것을 행동으로 옮길 수 있다는 것입니다. 버리기로 결정할 수 있는 사람이 성과를 거둘 가능성 있는 사람이라고 한다면, 버리기로 성과를 내는 사람과 그렇지 못하는 사람의 차이는 결정한 것을 행동으로 옮길 수 있느냐 없느냐입니다.

행동하려면 어떻게 하면 좋을까요. 행동의 필요성을 자신의 내부에서 움트게 함과 동시에 올바르게 결정해야 합니다. 왜 버려야 하는지 모른다면, 버림의 의미도 목적도 퇴색되어 행동으로 연결되지 않습니다. 또 의미와 목적을 이해한다 해도 결정에 자신이 없으면 행동으로 옮길 수 없습니다.

이 책을 통해서 버려야 할 필요성을 알고는 있으나 실행하지 못하는 사람이 실제로 버리는 사람으로 변했으면 합니다.

버리기를
행동으로 옮기는 법

⌵ 사람의 행동이 바뀔 때

저는 사람이 행동을 바꾸는 경우를 많이 보아 왔습니다.

　반면 변화의 필요성을 인지하고 있음에도 행동이 바뀌지 않는 사람도 보아 왔습니다.

　사람이 행동을 바꿀 때에는 여러 가지 요인이 있지만, 그중에서도 대원칙이 있습니다. '본인 이외에는 어떤 것도 행동을 바꿀 수 없다'는 것입니다.

　사람의 행동이 바뀔 때는 그 사람이 행동을 바꾸지 않으면 안 되겠다고 위기감을 느끼는 경우입니다. 변화의 필요성을 느끼는 것만으로 사람이 행동을 바꾸지는 않습니다. 변하지 않으면 손해를 입거나 위험에 빠져야 현실을 절감하면서 바뀌는 것입니다.

예를 들어 흡연자가 의사에게 생명이 위험하다는 선고를 받고서 생애 최초로 금연한다거나, 연인에게 결별 통보를 받고 비로소 자신의 행동을 바꾼다거나 하는 이야기를 들어보신 적이 있을 겁니다.

"특별히 바꾸지 않아도 좋아. 바꾸면 더 나아질 거라는 건 알고 있지만……."

이런 식으로는 변할 수 없습니다. 이것은 소망이며 염원에 불과하기 때문입니다.

반대로 소망을 필요로 바꿀 수 있는 사람은 변합니다.

'버리는 편이 나을 수도 있지만 버리지 않아도 괜찮아.'라고 생각하는 정도가 아니라, 버리지 않으면 큰 손실을 입는다고 인식하지 않으면, 이 책을 읽어도 머리로는 버리기의 필요성을 이해하고 있어도 행동으로 옮기지는 못할 것입니다.

지식을 행동으로 옮기려면 스스로를 몰아붙일 필요가 있습니다. 그러면 비로소 행동이 바뀝니다.

ᨒ 회사명에 '인바스켓'을 넣은 이유

버리기를 행동으로 옮기기 전에 '버리기의 필요성'이 아니라 '버리지 않아 생기는 리스크'에 대해 얘기하겠습니다.

얼마 전 제가 자주 들렀던 바가 문을 닫았습니다. 수년간 이용했던 바인데, 음식도 맛있고 술맛도 좋고 분위기도 좋은 가게였습니다. 다만 혼자 운영하다 보니 음식 주문을 받으면 주인이 주방에 들어가 카운터를 보는 사람이 없었습니다. 주위 다른 바와는 달리 오너 셰프여서 자신이 있었던 것 같은데, 점차 손님들 발길이 뜸해지는 것을 저도 느낄 정도였습니다.

이상은 성취하기 위해 있는 것이고 실현하고 싶은 것입니다. 그러나 혼자 힘으로는 한계가 있습니다. 어떻게 해서라도 이상을 실현하고 싶으면 혼자 한다는 생각은 버려야 합니다. 만약 혼자 하려면 음식 메뉴를 줄이는 등 손님에게 제공하는 서비스를 버리는 게 필요합니다.

저도 끌어안고 있다가 실패한 적이 있습니다. 지금 회사를 설립할 때였습니다. 당시에는 샐러리맨 생활을 하면서 인바스켓 서비스를 제공하고 있었습니다. 회사 설립을 준비하면서 연구와 문제 출제도 병행했는데, 다양한 콘텐츠를 만들겠다고 욕심을 부린 나머지 여러 가지 실수와 오타를 범하여 고객들에게 양해를 구하는 데 급급했습니다. 하고 싶은 것 전부를 하겠다는 과욕으로 실패했습니다.

설령 버렸다 해도 버린 것보다 많은 것을 다시 끌어안으면, 힘이 분산되어 결국 또 집중할 수 없습니다.

저의 나쁜 버릇은 뭐든지 하고 싶어 한다는 것입니다. 그런 욕심이 있다는 것을 잘 알기 때문에 회사를 설립할 때 한 가지 결심을 했습니다. 바로 회사명에 '인바스켓'을 넣는 것입니다. 인바스켓이라는 교육기법을 특화하려면 스스로를 몰아붙일 필요가 있었습니다. 제 성격상 시간이 조금 지나면 아마도 다른 교육기법에도 흥미를 느낄 테고, 결과적으로 무엇을 연구하는 회사인지 모호해져 버릴 위험이 있었습니다.

그래서 '인바스켓 이외의 것에는 손을 대지 않는다'는 경계의 뜻을 담아 회사 이름을 짓고 싶었던 것입니다.

더 잘되고 싶으면 버린다

⩗ 한 품목 선택, 한 품목 정리

제가 처음 사회생활을 시작한 슈퍼마켓 업계에는 '한 품목 선택, 한 품목 정리'라는 말이 있습니다.

이것은 새로운 상품을 판매 품목으로 선택하여 진열하면, 반드시 다른 한 품목은 판매 중지 상품으로 진열대에서 뺀다는 원칙입니다.

이렇게 하지 않으면 상품의 종류가 늘어나 다양한 문제가 생깁니다. 발주나 보충, 관리 등에 시간이 늘어 비용이 증가하고, 공간 제약이 있는 선반에 빼곡히 진열하다 보면 고객들이 원하는 물건을 찾기 어려워지는 단점이 있으며, 게다가 한 품목당 재고가 줄어들어 품절이 발생합니다.

저도 매장 운영을 맡았었는데, 상품 선택이 매우 즐거웠으며 얼마나 팔릴지 기대감에 두근두근했습니다. 새로운 라인업이 추가되면 판매도 늘어납니다. 그러나 한편으로 진열대에서 판매 중지 품목을 골라내는 괴로운 결단도 내려야 했습니다. '혹시 팔리지 않을까, 어떻게든 판매 가능 품목으로 남길 수 없을까.'라는 생각에 억지로 공간을 만들어 상품을 꽉꽉 채우기도 했습니다.

그러나 결과적으로 잘 팔리는 상품 진열대는 팔고자 하는 물건이 여러 각도에서 잘 보이게 진열된 선반입니다. 취사 선택이 되어 있는 진열대란 말이지요.

⅃ 하나를 버리지 못하면 많은 것을 잃는다

슈퍼마켓에는 GMS(General Merchandise Store, 종합소매업)라는 업태가 있습니다. 생활용품부터 의류, 식품류까지 갖춰져 있는 곳으로, 흔히 보는 지하철역 앞 3층 규모의 슈퍼마켓입니다. 한때는 뭐든지 다 갖추고 있어서 슈퍼마켓의 주업태가 되기도 했지만, 전문점이 늘어남에 따라 "뭐든지 있으나 이도저도 아닌 매장이라 사고 싶은 것이 없다."는 평가로 서서히 문을 닫는 점포가 늘어나고 있습니다.

저 역시 그런 업태의 일을 했는데, 그 당시 사내에서 논의되었던 것이 '한 가지 주력 상품을 갖추자'는 주제였습니다. 예를 들어 "와인만은 지역 최상품만 다루자."라는 의견이 있었지만 결과적으로 성사되지 못했습니다. 왜냐하면 버리지 못했기 때문입니다.

무언가를 확장시키려면, 다른 무언가를 버려야 합니다.

그러나 사내에서는 버리자는 얘기가 나오면 모두가 극렬히 반대하며, "그 품목의 판매를 중지하면 매출이 떨어진다."와 같은 반응 일색이었습니다. 버리지 못한 탓에 아차 하는 순간 다른 전문점이나 편의점에 손님을 빼앗기고 종국에는 매장마저 없어지게 되었습니다.

우리 개개인의 상황에 적용시켜도 같습니다. '하나를 선택하면 하나는 정리한다.' 아니, 이미 많은 것을 끌어안고 있는 사람이라면 '하나를 선택하면 두 개를 정리'하는 것이 필요하지 않을까요. 새롭게 한 가지를 떠맡을 때마다 두 가지를 버리지 않으면 오히려 많은 것을 잃게 됩니다.

당신이 능력을 발휘할 수 없게 방해하는 것들

⩗ 그 신념이 방해가 된다

제 전문 분야인 인바스켓은 능력이 있는지 없는지를 평가하는 것이 아니라, 능력 발휘 정도를 평가합니다. 사회생활을 하고 있는 사람들 대부분이 훌륭한 능력을 갖고 있습니다. 그러나 실제 업무에서는 갖고 있는 능력을 제대로 발휘하지 못해 괴로워하는 경우를 많이 보아 왔습니다.

원래는 의사결정력이 있음에도 불구하고 정작 현장에서는 판단을 내리지 못한다.

사람을 활용할 능력이나 지식은 있는데, 실제로는 일을 맡기지 못하고 혼자 해 버리고 만다.

이것은 버리지 못하게 감정이나 가치관, 사고가 방해하고 있기 때문입니다.

좀 더 구체적으로 말하면, 가령 부하 직원에게 본인의 의사를 말하려 해도 자신은 공경받는 상사여야 한다는 감정이 방해해서 본인의 생각을 전달하지 못합니다. 또 업무를 맡기는 방법과 그 중요성을 알고 있음에도 중요한 업무의 실패는 용인할 수 없다, 모든 일을 성공시키지 않으면 안 된다는 신념 때문에 결국 다른 사람에게 맡기지 못 합니다.

하루종일 빡빡한 일정으로 진행되는 인바스켓 연수를 소화해내며 깨달음을 얻더라도, 버릴 수 없다는 신념이 방해하면 새로운 행동으로 연결되지 못합니다. 저는 그런 사람들에게 버리기로 결심하도록 촉구합니다.

어느 연수생은 모든 업무를 완벽하게 끝내지 않으면 안 된다는 신념을 버리기로 결심했습니다. 그 신념을 버림으로써, 업무 영향력이 낮은 일을 버렸다고 합니다. 나중에 그는 아무래도 자신이 성과가 나오지 않는 일에 공을 들이고 있었던 것 같다며 그 당시 자신의 모습을 돌이켜 보며 자조했습니다.

일의 성격상 저는 강사나 사회보험노무사 등 소위 '사'자가 붙는 직업인들과 많이 만납니다. 그중에는 상대에게 지면 안 된다는 생각이 지나친 나머지 자신의 과오를 바로잡지 못해 오히려 고객의 신뢰를 잃어버리는 경우도 있고, 어느 누구의 상담이라도 진지하게 받아들여야 한다는 생각으로 고객을 대하다 스토킹과 같은 피해를 입고 업무에 지장이 생기는 사람도 있습니다.

버리기만 가능했다면 훨씬 편하게 됐을 것이라는 경험이 여러분에게도 꽤 있을 것입니다. 대부분은 <u>행동을 방해하는 생각이나 신념을</u> 버리지 못했기 때문입니다.

⑭ 재고(在庫)는 죄고(罪庫)

앞에서 제가 슈퍼마켓 업계에서 일했던 경험을 말씀드렸는데, 슈퍼마켓 업계에는 중요한 표현이 또 하나 있습니다. '죄고(罪庫. 재고와 죄고의 일본어 발음이 같은 데서 착안한 말장난)'라는 말입니다.

이것은 '재고'를 빗댄 표현으로, 필요 이상의 재고를 갖고 있으면 죄가 된다는 의미입니다. 슈퍼마켓은 많은 상품을 취급합니다. 그러나 재고 보관 장소에 들어가 보면 생각만큼 재고가 많지 않아서 모두 놀랍니다.

매장 진열 재고와 보관 재고를 구분해서 생각하기 때문입니다. 일반적으로 품절 상황을 고려하여 재고를 가능한 한 많이 보유하면 매출이 오를 거라고 생각하지만, 사실 재고는 득보다 실을 초래합니다.

먼저 불필요한 매입대금을 지불해야 하고, 창고 보관 중에 신선도나 성능이 떨어지기도 합니다. 무엇보다 재고가 있으면 관리 노동력이 필요하게 됩니다.

제 경험으로도 창고에 재고가 대량으로 쌓여 있는 슈퍼마켓은 매장 관리가 되지 않습니다. 그중에는 유통기한이 지난 상품이 나오기도 합니다. 불필요한 재고는 부담하지 않아도 될 비용이나 노동력을 발생시키고, 성과를 갉아먹는 죄고인 것입니다.

지금 물건에 대한 이야기를 하고 있지만, 저는 여러분이 물건만이 아니라 성과를 떨어뜨리는, 진작 버렸어야만 할 것을 버리는 용기를 가졌으면 합니다.

여러분이 생각대로 성과를 올리지 못하는 것은, 진작 버렸어야 할 것을 움켜쥐고 있기 때문입니다.

성과를 올리려면 버려서 생기는 리스크보다 버리지 않으면 생기는 리스크를 잘 살펴볼 용기를 가져야 합니다. 버리지 않으면 자신이 버려지는 서글픈 일이 생길지도 모릅니다.

버리는
용기를 낸다

\/ '버린다'는 선택지도 필요하다

이렇게 버리기의 중요성을 말하고 있는 저도 예전에는 물건을
모으는 버릇이 있었습니다.

어릴 때 바다에 가서 조개껍데기를 주워 골판지 상자에 모아
두었습니다. 그런데 아무래도 그 무수한 조개껍데기 중 하나가
빈 껍데기가 아니라 조갯살이 들어 있었던지 후에 악취가 진동
했습니다. 그 조개를 찾으려고 골판지 상자를 뒤지고 있었더니,
그 광경을 보고 계시던 부모님이 조개껍데기를 상자째 내다 버
리셔서 울며 항의했던 기억이 납니다.

그러나 감정을 추스린 뒤엔 약간 서운하지만 개운한 느낌이 들었습니다. 버리는 방법이 있다는 것을 그때 깨달았습니다.

어른이 된 지금도 매일 버리는 결정에 직면합니다. 정규 채용이 아닌 채용이나 불필요한 비품의 처분은 물론, 때로는 업무 의뢰도 거절합니다.

물론 유능한 인재라면 모두 채용하고 싶고, 비품도 버리기보다는 구입하는 쪽이 즐겁습니다. 업무 의뢰 역시 감사하는 마음으로 전부 받아들이는 편이 기분 좋지요.

그러나 '받아들이는' 선택지뿐만 아니라 '버리는' 선택지도 갖고 있어야 합니다.

⊻ '그럴 듯한 변명'이 결정을 방해한다

버리는 결정을 인바스켓에서는 '의사결정력'이라고 합니다.

의사결정력도 근육처럼 사용하지 않으면 약해집니다. 결정을 하지 않으면 서서히 의사결정력이 약해져, 방어적으로 결정을 회피하는 방향으로 향하게 됩니다. 단순하고 리스크가 적고 무엇보다 그럴 듯한 변명거리가 있는 쪽입니다.

"매년 똑같이 했으니 올해도 똑같이 하겠습니다."

"버린 뒤에 뭔 일이 생기면 어떻게 합니까?"

버려서 생길 리스크를 예측하는 것은 결코 틀린 행동이 아님니다. 그러나 의사결정, 특히 버리는 의사결정을 피하고 스스로의 틀에 얽매여 버린 안타까운 행동이기도 합니다.

관리직은 판단직입니다. 그럴 듯한 변명으로 버리지 못하면 의사결정력이 부족하다는 평가를 받게 됩니다.

'우선' '일단' '나중에'와 같은 표현도 버립시다. 결정할 듯 결정하지 않는 '애매모호한 표현'이기 때문입니다. 모처럼 버리고자 하는 용기가 샘솟았을 때 짓뭉개 버리는 말입니다.

⋁ 진정한 변화는 버리는 것에서 시작된다

41쪽 그림은 제가 강연할 때 자주 사용하는 것입니다. 수도꼭지에서 물이 흘러와 컵이 넘치고 있습니다. "이때 여러분은 어떻게 하겠습니까?"라고 수강자들에게 물어보면 대부분 수도꼭지를 잠근다고 답합니다. "수도꼭지가 잠기지 않는다면?" 하고 다시 물어 보면 또 대부분이 큰 컵으로 바꾼다고 대답합니다.

물론 정답도 오답도 없습니다. 가능한 한 물을 많이 받기 위해서 그릇을 바꾸는 결정도 할 수 있을 것입니다. 그러나 아예 물을 받지 않고 버리는 선택지도 있습니다.

저는 경영자로서 회사를 그때의 상황에 따라 변화시켜 갑니다. 변화시킨다는 것은, 지금까지 해 왔던 것을 버린다는 것입니다. 직원 중에는 지금까지 만들어낸 것에 애착을 갖거나, 지금이 가

장 좋다고 생각하는 사람도 있습니다. 그럴 때 제가 사용하는 방법은 한번 해 보고 일정 시간이 지나서 효과가 없으면 되돌리자는 것입니다.

한번 시험 삼아 버려보라는 취지입니다. 일단 한번 하면 행동도 바뀌고 성과도 크게 달라지니까요.

진정한 변화는 무언가를 버렸을 때 시작됩니다. 무언가를 버리는 결단을 행동으로 옮기면 성과를 얻을 수 있습니다.

2부

8할은
버린다

올바른 버리기

◡ 버리기만 하면 문제가 없을까

버리는 이야기를 하니까, 혹시라도 당장 뭔가를 찾아서 내다버리고 있는 행동파가 계실지도 모르겠습니다.

사실 버리는 것은 성공으로도 연결되고 실패로도 연결되는 양날의 검과 같은 행동이므로, 이 장에서는 단순한 버리기가 아니라 올바른 버리기에 대해 알려 드리고자 합니다.

'올바른 버리기'란 바꿔 말하면 '올바른 프로세스대로 버리기'입니다. 성과를 거두지 못한다, 실패한다, 잘못된 판단을 한다 등 모든 것은 어떤 프로세스가 부족하거나 지나치게 많기 때문입니다. 버리는 판단이나 행동도 올바른 프로세스를 밟아야 합니다.

프로세스란 결정에 도달하기까지 여러 능력이 발휘되는 과정을 말합니다. 무언가를 버리기로 할 때 버려서 문제가 되는 것이 없는지 살피는 프로세스를 밟는다면 올바른 결정으로 이어질 확률이 높습니다.

가전제품 취급설명서 버리기를 예로 들겠습니다. 이 경우 '사용법을 모르면 곤란하다'는 문제가 있습니다. 이 리스크를 미리 줄이려면 제조사 홈페이지에서 취급설명서 다운로드가 가능한지 확인하고 버리기로 결정합니다. 이것이 올바른 프로세스를 밟는 버리기 의사결정입니다.

여기에는 리스크를 발견하는 '문제발견력'과 리스크를 줄이기 위해 정보를 수집하는 '문제분석력'이 필요합니다.

⩗ 올바른 판단을 끌어내는 몇 가지 능력

이처럼 올바른 버리기로 연결되도록 프로세스를 제대로 밟으려면 몇 가지 능력을 발휘해야 합니다.

- **우선순위 설정력** : 성과를 올리게끔 업무 순서를 결정하는 능력
- **문제발견력** : 표면적인 문제나 리스크뿐만 아니라 본질적인

문제를 꿰뚫어보는 능력

- **의사결정력** : 근거를 갖고 의사결정을 하며, 자신의 결정을
  설명하거나 실행하는 능력
- **창조성** : 틀을 벗어나 새로운 발상을 끌어내는 능력
- **통찰력** : 한정된 범위를 보고 내리는 결정이 아니라 전체를
  보고 내리는 결정, 앞을 내다보는 결정을 내리고 계획을
  세울 수 있는 능력

이런 몇 가지 능력이 바르게 판단하려면 필요합니다. 어떻게
능력을 발휘할 수 있는지 앞으로 설명하겠습니다.

이타바시 공장
이야기

비용절감의
귀재가 왔다

이 이상 어디를 줄여야……

이곳은 신바시 가구제작소의 이타바시 공장. 중소기업 규모이
지만 창립 50년이 넘은 신의와 전통이 있는 회사다. 고속도로
대형 환승역에서 차로 10분 거리 간선도로변에 위치하며, 흰
자작나무가 주위를 둘러싸고 있다.

　3층짜리 회색 건물 곳곳에 '품질제일'이라고 적힌 빛바랜 포
스터가 붙어 있다. 그 옆에는 새하얀 종이에 붉은 글씨로 '생산
성 향상'이라고 쓴 포스터가 붙어 있다.

'생산성 향상' 포스터가 붙어 있는 데에는 이유가 있다.

이타바시 공장은 2년 전부터 생산량이 2할이나 떨어져, 본사의 경비 절감 채근이 성화같았다. 그러나 이미 몇년 전부터 경비 절감과 씨름하며, 인원도 가장 많았던 시기의 7할까지 줄인 상태다.

이타바시 공장의 야마모토 공장장은 머리를 싸매고 있다.

"더 이상 줄일 데가 없으려나."

공장 조직도와 비용 자료를 노려보며, 최근 몇 년 새 주름이 깊게 패인 이마를 주먹으로 통통 쳤다.

파티션으로 구분된 공장장실 문을 두드린 사람은 다카스기 시오리였다.

"안녕하세요."

문이 열리며 마치 아나운서처럼 발음이 좋은 목소리가 공장장실에 울려 퍼졌다. 공장장은 천천히 인사했다.

"아, 좋은 아침. 들어와."

날씬한 체격에 가냘픈 목, 그리고 단발머리에 날카로운 눈매. 흡사 일본 인형이 정장을 깔끔하게 차려 입은 듯한 모습이 그녀의 첫 인상이었다.

⩔ 잘라 버리기 프로

다카스기는 본사 비서실과 경영기획실을 거쳐 오늘부로 이타바시 공장 총무과장으로 배속되었다. 장벽을 치듯 야마모토가 경계하고 있다.

다카스기가 어떤 사람인지 몰라서가 아니라, 공장장인 야마모토에게는 기껍지 않은 부하 직원이었기 때문이다.

"자네가 다카스기인가? 뭔가 이미지가 상당히 다르네. 좀 더 강한 이미지일 거라 생각했는데……."

야마모토는 검은색 소파에 걸터앉으며 웃음을 섞어 말했다.

"그런 얘기 자주 듣습니다."

다카스기는 날카로운 눈매를 부드럽게 늘어뜨리며 웃음 지었다.

"미리 일러두네만, 자네가 여기 온 이유는 자네가 가장 잘 알고 있으리라 보네. 하지만 여기서는 내가 상사일세. 로마에서는 로마법을 따라야 한달까……."

"예, 멋대로 굴지는 않을 겁니다."

야마모토는 본인의 생각을 한마디로 정리하는 그녀에게 기가 눌렸지만, 전열을 가다듬듯이 헛기침을 하며 말했다.

"본사 지시도 나에게 반드시 보고하게."

"네."

"그런데, 그건가. 본사가 자네를 여기로 보낸 이유가. 아직 줄일 데가 있다고 생각하기 때문인가. 하지만 줄일 수 있는 부분은 다 줄였다네. 자, 보게."

야마모토는 다카스기에게 20쪽 분량의 자료를 건넸다.

다카스기는 자료를 받아 팔랑팔랑 몇 장 들춰 보고 나머지는 보지 않은 채 공장장에게 돌려줬다.

"감사합니다."

"어? 제대로 본 건가? 이 자료는……."

"네, 이해했습니다. 감사합니다."

"그래, 벌써 조사하고 왔다는 거로군그래."

다카스기는 미소로 대답을 대신했지만, 야마모토는 심각한 얼굴로 말했다.

"잘라내기 프로가 온다고 나 역시 듣고 있었네. 그렇지만 잘라 버릴 것은 아무것도 없네. 버려서는 안 될 것들뿐이네. 그러니까 마음대로 하지는 말아 주게."

"총무과장으로서 판단하는 것은 괜찮습니까?"

"좋네. 총무과장이니까. 다만 자네 총무과도 작년에 2명이 전출되어 더는 줄일 데가 없다고."

야마모토는 여유를 되찾고 온화한 표정을 지었지만, 호랑이가 사냥감을 노리는 듯한 눈빛에는 변화가 없었다. 그런 시선을 무시하는 듯 다카스기는 의연하게 말했다.

"팀원 신상 자료를 주시면 고맙겠습니다만."

야마모토는 머리만 움직인 채 무표정하게 본인 책상에서 노란색 파일을 집어 들고, 표지를 탕탕 두들기며 다카스기에게 넘겼다.

"지금 총무과에는 자네 빼고 4명이 있네."

자료에는 4명의 이름과 근속 연수가 적혀 있었다.

주임	모치즈키 쓰바사 (6년)
사원	오카무라 나오미 (15년)
사원	야기 세이이치 (7년)
사원	나쓰미네 히토미 (1년)

야마모토는 모치즈키가 쓰인 행을 책상 위에 굴러다니던 볼펜 머리로 가리키며 말했다.

"먼저 모치즈키 주임. 본사 발령 얘기가 수차례 나올 만큼 실력 있는 친구일세. 없으면 총무과, 아니 공장도 돌아가지 않을 정도로 중요한 사람일세. 자네 전임자도 상당히 신뢰하고 의지했으니 자네의 오른팔이 될 수 있겠지."

"우수한 인재군요."

"아, 주임급에서는 단연 으뜸일세. 특히 업무 균형감각이 좋지. 잘 부리면 좋을 걸세."

"고맙습니다."

"그리고 오카무라인가. 제조 부서를 제외하면 가장 오래 근무한 회사의 살아 있는 전설 같은 존재네. 특히 인간관계를 잘하고 싶으면 그녀를 잡아야 할 걸세."

"그렇습니까……. 한마디로 터줏대감입니까?"

야마모토는 어떤 말을 해야 할지 곤혹스러운 표정을 지었다.

"어, 통속적인 표현으로 그렇게 되나. 뭐, 같은 여자니까 그런 점은 알고 있을 테지."

"어떤 업무를 하고 있는지요?"

"소액현금관리, 경리업무, 그리고 사원 교육도 하고 있지."

"그렇군요."

"음, 그러면 다음은 야기로군. 그 역시 우수하지. 본사 법무부에 있었는데, 사정이 있어서 이곳 총무과에서 일하고 있지."

"어떤 사정입니까?"

"아, 개인적인 문제일세. 자세한 것은 차차 얘기하지."

"알겠습니다."

볼펜 머리가 마지막 행으로 향했다.

"나쓰미네군. 이 친구는 작년에 들어온 신입이네."

"그렇군요."

야마모토는 눈을 치켜뜨고 다카스기의 표정을 보며 말했다.

"뭐, 이렇게 말하면 뭐하지만, 여기서 더 줄인다면 그 친구가 될지도 모르겠군. 다만 그 친구는 뭐랄까, 그……."

"네?"

"전무 따님일세."

다카스기는 납득한 듯 천천히 고개를 끄덕였다.

"앞으로 몇 년간은 데리고 있어야 할지도 모르겠네."

"알겠습니다."

"그래, 이 이상 줄이지는 못할 테지."

야마모토는 동의를 구하듯이 살짝 미소를 보이며 말했다.

그러나 다카스기는 그 웃음을 못 본 체하려는 듯 살짝 머리를 숙이며 말했다.

"우선 근무 태도와 업무 방식을 보지 않고서는 알 수 없겠네요."

"아니, 그 이상은 어렵다고 봐. 아무리 비용 절감의 귀재라 해도 말이야."

다카스기는 수첩에 부하 직원의 이름을 메모하고 '음음'거리며 고개를 끄덕였다.

"너무 조바심내지 말고 상황 봐가며 하는 게 어떤가."

"네, 앞으로 여러 가지를 상의하겠습니다. 그럼 바로 총무과로 가겠습니다.”

“나도 같이 가지.”

“아뇨, 저 혼자 괜찮습니다.”

“어…… 흠, 알겠네.”

다카스기는 야마모토에게 고개를 숙여 인사하고 뒤돌아섰다. 문이 닫히자, 야마모토는 자기 책상에 앉아 문을 향해 말했다.

“비용 절감의 귀재? 내가 이제껏 해온 비용절감 관리 실적을 보고 놀라도 좋아. 이제 뼈밖에 남지 않았다고.”

↳ 음료는 필요없다

다카스기는 3층부터 계단을 내려와 공장 1층에 있는 총무과로 들어갔다. 총무과는 사람이 마주쳐 지날 때마다 어깨를 웅크리지 않으면 안 될 정도로 통로조차 비좁은 방이다. 창문이 좌측에 하나, 정면에 두 개 있고, 우측에는 파티션으로 가린 공간이 있다. 그 안에는 천정까지 닿는 높이의 철제 선반이 있는데 골판지 상자 등이 수북이 쌓여 있다.

“좋은 아침입니다.”

다카스기는 방을 둘러본 후 상냥하게 인사했다.

다카스기의 목소리에, 방에 있던 4명이 일어나 마치 메아리

처럼 인사했다.

모치즈키 주임이 다가와 인사했다. 허리띠를 꽉 졸라맨, 아니 꽉 졸라맸다기보다는 허리띠에 졸려진 듯한 인상을 풍긴다. 옅은 황갈색 머리칼은 해변가에 있으면 서퍼(surfer)로 보일 듯한 모습이다. 그러나 저자세에 공손하고 부드러운 표정으로 다카스기를 과장 자리로 안내하며 말했다.

"저, 먼저 회의를 소집할까요?"

"아뇨, 나중에요. 지금은 이것부터 정리하고 싶으니까요."

이렇게 말한 후, 다카스기는 책상 위에 산처럼 쌓인 서류를 분류했다.

전임 과장이 남긴 인수인계 서류 파일 3권과 각 담당자가 전임 과장의 지시로 작성한 파일 4권이 있었다. 전임 과장은 2년 전 발생한 것부터 소급하여 보고서로 작성하라고 지시했다. 그중에는 새벽 2~3시까지 야근하며 작성한 나쓰미네의 보고서도 있었다.

총무과의 오카무라 나오미 씨가 타이밍을 엿보며 다가와 머리를 숙이며 말했다.

"부임 축하드립니다, 다카스기 과장님. 저는 총무과에서 15년 근무하고 있는 오카무라라고 합니다. 마실 것을 드리려고 하는데, 뜨거운 차도 괜찮으신지요?"

다카스기 과장은 오카무라의 질문에 단호하게 답했다.

"고맙습니다만, 마실 것은 필요없습니다. 사 왔으니까요."

"그래도 과장님께 차를 올리는 것이 예전부터 제 일이었습니다. 사양하지 마시고 말씀해 주십시오."

오카무라 씨의 눈썹 각도가 위협이라도 하는 냥 치켜올라갔다. 그러나 아랑곳하지 않고 다카스기는 잘라 말했다.

"흠…… 그렇더라도 오늘부터 그 업무는 없애죠."

"없애요? 하지 말라는 것인가요? 알겠습니다. 그렇다면 말씀대로."

'알겠습니다.'라는 말에 적의가 담겨 있다는 것을 눈치챘는지, 모치즈키 주임이 중간에 끼어들었다. 오카무라 씨는 화를 누르는 듯 자기 자리로 돌아가, 평소보다 큰 소리를 내며 의자에 앉았다.

<신바시 가구제작소> 이타바시 공장 사람들

공장장
야마모토

총무과장
다카스기 시오리

<총무과 직원들>

주임	사원	사원	사원
모치즈키 쓰바사 (6년 차)	**오카무라 나오미** (15년 차)	**야기 세이이치** (7년 차)	**나쓰미네 히토미** (1년 차)

1장

서류를 버리자

"언젠가 써먹을 것 같다면 무용지물이다"

오카무라
이야기

ㄴ 최악이야, 그 과장

저는 오카무라라고 해요.

음, 여기 이타바시 공장의 관리부서에서 가장 오래 근무하고 있는 직원이죠.

여태까지 모셨던 상사는 12명이에요. 모두 저를 신뢰하셨죠.

그런데 이번에 온 여자 과장은 정말 최악이에요. 하여튼 짜증 난다니까요.

"나는 본사에서 온 엘리트야." 하는 거만함이 얼굴에 철철 넘쳐요.

게다가 그 태도는 뭔지. 말끝마다 '그 일은 버리세요.'라고 하니 정말 화가 납니다. 일은 좀 못했어도 전임 과장이 낫지 않나 싶습니다.

(옆에 있던 모치즈키 군이 '자자' 하는 손짓으로 진정시킨다.)

모치즈키 군과 얘기하고 있자니 더 화가 치밀어 올라요. 이 사람이 무슨 잘못이겠어요.

(모치즈키 군이 뽑아준 커피를 마시고 빈 종이컵을 파란 폴리에틸렌 쓰레기통에 힘을 실어 던져버린다.)

어라? 저기 손 흔들며 달려오는 사람은…… 나쓰미네?
그녀는 전무 딸이다. 대할 때 신경이 쓰이지만, 임원 딸치고는 우아 떨면서 잘난 체하지 않아서 좋다. 그래도 좀 더 일을 가르치지 않으면 내가 책임을 뒤집어쓰게 될지 모른다.
"선배! 오카무라 선배!"
"무슨 일이야. 그렇게 헉헉거리면서."
"과장님이, 새로 오신 과장님이 미팅을 하고 싶다고."
"미팅? 조회인가? 바로 갈게."

모치즈키 군도 황급히 커피를 입에 쏟아 넣었다.

⩔ 왜 필요하냐고?

우리가 자리로 돌아가자 과장이 일어나 말했다.

"자, 시작합시다. 이번에 총무과장으로 부임한 다카스기입니다. 잘 부탁합니다."

나도 덩달아 기계적으로 고개를 숙였다.

"저는 이 공장의 효율 향상이라는 과제를 받았습니다. 여러분의 업무 방식이 바뀔 수도 있지만 협조 부탁 드립니다. 우선……, 불필요한 서류를 오늘 처분하겠습니다."

'응? 뭐라는 거야? 그런 거 지금하지 않아도 되잖아.'

나는 항의했다.

"과장님, 한 말씀 드리겠습니다. 서류 정리는 전임 마에다 과장이 있을 때 지시를 받아 완료했습니다. 다시 하라는 말씀은 좀 이해하기 어렵습니다만."

모두의 의견을 대신한 것인데, 과장은 이해할 수 없다는 얼굴로 진지하게 말했다.

"오카무라 씨. 저는 처분을 말하는 겁니다. 정리가 아닙니다. 먼저, 필요한 서류와 그렇지 않은 서류를 분류했으면 하는 겁니다."

"죄송합니다. 제 표현이 이해하시기에 좀 부족했을지도 모르겠습니다. 여기 있는 것은 전부 필요한 서류입니다. 불필요한 서류는 전에 전부 처분했습니다."

뭐야. 아무것도 확인해 보지 않은 주제에, 라는 의미의 시선을 곁들여 보내주었다. 그것을 피하는 것처럼 과장은 시선을 내 책상 위로 옮겼다.

"그러면, 거기 쌓여 있는 파일 중 위에서 세 번째 것은 무엇입니까?"

"네? 이거 말입니까?"

뭐지, 그 질문은. 내가 적당히 서류를 던져두고 있다고 말하고 싶은 거야?

"이건 이 공장에서 구입한 과월호 잡지 번호를 기록한 장표입니다."

"어느 정도의 빈도로 기록합니까?"

"한 달 단위입니다. 체크해 두지 않으면 급하게 필요할 때 곤란할 것 같아서요."

"한 달에 한 번 쓸 파일을 그 책상 위에 두는 건가요?"

뭐야, 거기까지 치고 들어오는 거야? 대체 무슨 얘기가 듣고 싶어.

"아뇨, 재고관리는 엑셀로 하는데, 이 건은 출력물을 보관합니다."

"어째서 출력물이 필요합니까?"

"음, 출력하는 쪽이 편리하고, 혹시라도 컴퓨터 하드 디스크가 망가졌을 때……."

'왜 필요하냐구? 내가 필요하니까 필요하다고. 우선 어째서 그런 얘기를 당신한테서 들어야 하지? 총무 일도 이해하지 못하면서.'

"요컨대 필요해서 있는 겁니다. 그러니 불필요한 것은 아무 것도 없습니다."

내가 무슨 말을 하고 있는지 스스로도 잘 모르게 되었다. 이젠 더 이상 치고 들어오지 말라고. 당신과 관계없잖아.

이렇게 이해할 수 없는 변명만 늘어놓는 내 자신에게도 나중에는 화가 났다.

결국 반강제로 서류 정리를 시작했어요. 뉴스에서만 봤던 강제 퇴거 명령을 받은 사람들 심정을 알 것 같아요.

과장은 갖고 있는 서류 하나하나, 그 보관 이유를 묻더군요. 저는 그렇게까지 생각하면서 서류를 나눈 적이, 아니 서류를 버린 적이 없었어요. 나중에 버려도 좋잖아, 지금 꼭 버릴 필요 없어, 라고 생각했으니까요. 없는 것보다 있는 편이 좋다고 생각했기 때문인지도 모르겠네요.

'필요할지도'와 '필요'를 분별한다

◡ 남겨둘 서류의 3대 기준

저는 한 달에 반은 출장을 갑니다. 출장 중에 세미나며 고객상
담 등으로 어느새 가방은 서류로 가득 찹니다.

그런데, 출장이나 여행의 비법이 뭐냐고 질문을 받으면 여러
분은 어떻게 대답하시나요? 저는 이렇게 대답합니다.

단출함입니다. 불필요한 것은 가능한 한 가져가지 않는다, 이
것이 철칙입니다.

그럼에도 불구하고 '가방이 무겁네.'라고 느끼는 때가 있어
들여다보면 팸플릿과 서류가 가득 들어차 있습니다. 버려도 되

지만, 나중에 필요할지도 모르는 서류가 대부분입니다.

일주일 출장이라면 이런 서류가 잡지 수준으로 쌓입니다. 그 서류들은 내용을 보고, 대부분 처분합니다. 개중에는 용해처리 상자(저희 회사는 문서 절단기가 아니라 용해처리를 합니다)에 넣은 서류를 친절하게도 직원이 도로 제 책상 위에 올려두는 경우가 있습니다. 실수로 버린 것이 틀림없다고 생각한 것이지요.

물론 모든 서류를 버리는 게 좋다는 말은 아닙니다. 보관 기준은 다음 세 가지입니다.

1. 규정이나 법률 등으로 정해진 것
2. 일주일 이내에 사용하는 것
3. 없으면 업무상 지장이 생기는 것

▶ 버리는 리스크는 과대하게, 버리지 않는 리스크는 과소평가
서류를 못 버리는 사람의 대다수가 3번 '없으면 업무상 지장이 생긴다.'라고 인식하는 특징이 있습니다. 버리는 것에 대한 리스크를 다른 사람에 비해 과대하게 느끼기 때문입니다.

오카무라 씨의 예에서도, 데이터 출력물이 없을 때 리스크를 이유로 들고 있습니다. 확실히 데이터 자체의 소실이라는 사태가 절대로 발생하지 않을 거라고는 할 수 없습니다. 그러나 역

으로 반드시 발생할 거라고도 말을 못하죠. 즉, 발생할 수 있다
는 리스크는 과대하게, 발생하지 않는다는 리스크는 과소하게
평가하는 경향이 있습니다.

이는 인바스켓에서 말하는 '문제 발견 능력'의 문제입니다.
문제 발견 능력을 발휘하는 방식을 바꾸면 생각하는 방식을 크
게 바꿀 수 있습니다.

즉 버려서 생기는 문제점만 주시하고, 버리지 않아 생기는 문
제에는 관심을 갖지 않거나 이미 발생한 문제를 간과하는 문제
발견 성향을 깨달으면, 버리는 행위의 의미를 긍정적으로 바꿀
수 있습니다.

문제 발견 성향은 사람에 따라 가지각색입니다. 좀처럼 일어
나지 않을 일을 큰 리스크로 인식하는 사람은 좀처럼 버리지 못
하는 사람이 됩니다.

ⅴ 정보가 적을수록 의사결정이 빠르다

계속해서 버리는 것의 이점에 대해 생각해 봅시다.

서류를 정보라고 인식할 때 정보가 많은 상태와 적은 상태 중
에 적은 편이 판단 속도가 빠릅니다. 즉 정보가 많을수록 의사
결정이 늦어지는 경향이 있습니다. 분석하고 검증하는 시간과
비용이 많이 들기 때문입니다. 의사결정이 늦어지면 생산성이

떨어집니다. 반대로 정보를 압축하면 의사결정이 순조롭게 진행됩니다.

여행을 계획할 때 여행정보지나 여행회사의 팸플릿을 너무 많이 보면 여러 가지에 미혹되어 판단하기 어려워집니다. 정보 과잉의 전형적인 예입니다.

정보가 많으면 새로운 정보를 수집할 수 없습니다. 정보를 버리면 새로운 정보, 신선한 정보를 얻을 수 있습니다. 집에 있는 책장이 이미 가득 차서 새로운 책을 사 놓을 수 없는 것과 유사합니다. 업무에서도 마찬가지입니다. 정보를 너무 많이 모아두다 보면 신선도가 떨어지는데, 그런 정보를 바탕으로 젊은층의 최신 트렌드를 파악할 수는 없습니다.

서류량의 차이는 8배! 모으는 사람 vs. 모으지 않는 사람

그러면 서류를 어떻게 버릴지 생각해 봅시다.

우선, 불필요한 것과 필요한 것을 나눕니다. 이렇게 생각하십시오.

- **필요할지도 모른다, 언젠가 써먹을 수도 있다** ………… 소망
- **사용한다, 없으면 일을 못 한다** ………………………………… 필요

중요한 것은 '필요'와 '소망'을 동일시하지 않는 것입니다. 사실 많은 사람들이 헷갈려 합니다. 필요는 그 서류가 없어서 업무에 지장이 생기는 것이고, 소망은 있으면 언젠가 도움이 되리라는 바람이 들어간 것입니다.

실제로 구분해 보면 알게 됩니다. 모든 서류 중 필요한 것은 1할, 불필요한 것이 1할, 나머지 8할은 판단이 힘든 그레이 존, 즉 소망에 해당하는 서류입니다. 이 소망 서류를 처리하는 방법이 서류를 모으는 사람과 모으지 않는 사람의 차이입니다. 서류량으로 말하면, 모으는 사람과 모으지 않는 사람의 차이는 8배까지 차이가 나기도 합니다.

⬓ 서류를 줄이는 방법

서류에 의미를 부여하면 소망 서류가 됩니다. 거래처 회사소개서나 영업용으로 두고 간 복사기 팸플릿, 사보 등도 언젠가 써먹을 데가 있을지도 모른다는 생각을 점점 키워가는 것들입니다. 그러므로 정보를 줄이는 방법은, 소망 서류에 무용지물이라는 의미를 부여하는 겁니다.

소망 서류가 무용지물이라는 것을 시험해 봅시다.

책상 위에 있는 서류 중에 소망 서류를 골라 클리어 파일에 넣습니다. 그리고 날짜를 적은 견출지를 붙여 둡니다. 나중에 그 서류가 일주일 이내에 얼마나 필요했는지 검증하는 것만으로도 충분합니다. 만약 이 검증도 의미없다고 생각한다면, 당신은 앞으로도 쭉 서류를 모으게 될 겁니다.

어떻게 해도 소망 서류를 못 버리는 심정은 이해합니다. 그러나 그 서류에 있는 모든 정보가 필요할까요? 두꺼운 카탈로그 속의 몇 페이지만 필요한데 카탈로그 전부가 필요하다고 생각해 버립니다. 이것은 필요가 아니라 소망입니다.

관심이 가는 부분만 수첩에 옮겨도 좋고, 스캔해도 좋습니다. 디지털 카메라로 촬영하는 방법도 있습니다. 어쨌든 그 서류를 흔적 없이 없애도록 합시다.

버린다는 행위에 거부감이 드는 사람은 당장 버리지 않아도 괜찮습니다. 우선 전체 서류에서 소망 서류를 분리하여 골판지 상자에 넣어 밀봉해 두십시오. 가상으로 버려보는 겁니다. 마음속으로는 버린 셈치고, 일주일 정도 내버려둡니다. 그러면 버리는 것에 대한 공포감도 서서히 옅어져 거부감도 없어질 겁니다.

⅃ 불필요한 것은 받지 않는다

이것이 가능해지면, 한걸음 더 가 봅시다. 서류가 쌓이지 않게 대책을 강구합니다. 서류가 쌓이는 이유는 버리게 될 서류가 손에 들어오기 때문입니다. 이 문제가 해결되지 않으면 버리고 머지않아 서류가 또다시 쌓여 버립니다.

저희 회사는 완전히 페이퍼리스(paperless)로 회의하고 있습니다. 사원들이 서류를 버리는 데 시간을 쓰지 않도록 하기 때문입니다. 한 장짜리 배포물도 모든 사원이 갖고 있으면 수십 장이 됩니다. 저 또한 사내는 물론 사외에서도 불필요한 서류는 받지 않도록 하고 있습니다. 서류를 모아두지 않는 것, 이것이 버리지 않기 위해 하는 행동입니다.

서류가 줄면 공간이 생깁니다. 자주 사용하는 서류와 그렇지 않은 서류를 구분합시다. 즉, 파일링입니다. 불필요한 서류를 버리면 공간도 생기고, 정보 정리가 훨씬 쉬워집니다. 사용빈도에 따라 배열해 놓읍시다. 그리고 원래 수집했어야 할 정보를 수집하는 데 힘을 집중합시다. 정보 관리를 효율적으로 하면, 점점 본연의 일에 투입할 시간은 늘어날 겁니다.

서류 버리기에 대해 말씀드렸습니다. 이것이 일을 버리는 첫걸음입니다. 일 버리기의 의사결정 프로세스는 서류 버리기와 동일합니다. 서류를 못 버리는 사람은 일도 버리지 못합니다.

부디 버리기의 첫발을 내딛어 보십시오.

버리기 팁

■

필요 서류와 소망 서류를 나눈다.

■

처음부터 불필요한 서류는 가능한 한 받지 않는다.

버려서 얻는 것

■

정보가 취사선택되어 진짜 필요한 정보에 집중한다.

■

서류를 정리하는 수고가 줄어 업무에 시간을 집중할
수 있다.

2장

명함을 버리자

"아는 사람은 많은데 다급할 때 연락할 사람은 왜 없을까?"

↳ 관점을 바꾸면 불필요하다

저는 나쓰미네입니다.

올해 입사했습니다. 아직 선배들에게 폐를 끼치고 있습니다만, 겨우 긴장이 풀리나 싶었는데 상사가 바뀌어 더욱 긴장하고 있습니다.

신임과장 부임 첫날은 '서류 정리의 날'이었습니다.

아버지께서 대단한 사람이 상사로 올 테니 일을 잘 배우라 하셨지만, 첫날부터 태풍이 몰아치는 것 같았습니다.

과장이 성역 없이 서류를 분류하라고 해서 저는 서랍을 비웠

75

습니다. 텅 빈 서랍이 어찌나 넓은지. 마치 이사할 때 짐을 빼낸 방과 같았습니다. 창피하게도, 서랍에서 도시락 가게 쿠폰, 누군가한테서 받았던 정겨운 메모도 나왔습니다. 과장에게 "이게 필요한가?"라는 웃음 섞인 소리를 들으며 버렸습니다.

내용을 보면 확실히 불필요한 것이 많습니다. 관점을 바꾸면, 같은 서류라도 필요하다고 생각했던 것이 불필요해진다는 것에 놀랐습니다. 곧바로 집 책상과 지갑도 동일한 방식으로 정리했습니다. 쓸데없는 포인트 카드가 놀라울 정도로 많이 나왔습니다.

이번 건은 공부가 되었지만, 오카무라 씨가 염려됩니다. 과장이 책상에 바싹 붙어 선 험악한 분위기에서 오카무라 씨는 서류 한 장 한 장의 중요성을 어필했습니다. 과장은 그럴 때마다 머리를 옆으로 저었고, 오카무라 씨도 체념한 듯 반쯤 자포자기하여 파기 대상 서류상자에 담았습니다.

⩗ 명함도 모을 필요 없다

과장이 일단락 지었는지 내 책상으로 왔다.

"어때, 7할 정도는 서류가 줄지 않았나?"

나는 오카무라 씨를 살짝 신경 쓰면서 목례로 답했다.

"어라, 이건 뭐지?"

"명함집입니다. 총무과 명함 관리는 제가 담당하고 있습니다."

"이것도 필요 없어요. 명함 관리 소프트웨어를 이용해서 저장해 두세요."

뭐? 명함을 버린다고? 그렇게까지? 그건 아니잖아.

당황해서 과장에게 말했다.

"과장님. 명함은 받은 것이고, 게다가 언젠가…….."

"언젠가라는 것이 언제죠?"

우와, 날카로운 눈. 무서워.

"막상 문의 연락이 왔을 때 명함이 없으면…….."

"상대방이 건네준 명함을 꺼낸다는 건가?"

"아니, 그런 것이 아니고…….."

"최근에 이 명함집에서 어느 명함을 봤지?"

"이 명함이랑……. 아, 이것도요."

과장은 작게 한숨을 내쉬며 "3장이네."라고 말했다. 그리고 말을 이었다.

"3장만 남겨두면?"

"아니, 그래도 역시 받은 것을 버리는 것은…….."

"명함은 받은 것이라고 여기니까 그렇게 생각하는 거라고."

저는 과장이 무슨 말을 하는지 모르겠습니다. 명함은 받은 것이 아닌가요?

다급할 때 쓸모 있는
필요 인맥을 만든다

✓ 쓸모 있는 인맥과 쓸모없는 인맥

명함만이 아니라 사람 이름이 쓰인 물건을 버리려고 하면 저항
이 생깁니다. 제 지인은 연말에 도착한 선물 포장용 속지까지
버리지 않고 보관하고 있습니다. 포장용 속지에 사람 이름이 쓰
여 있기 때문입니다.

사업을 하면, 자신이 어떤 사람인지 알리기 위해 명함을 이용합
니다. 저도 여러 사람과 만나기 때문에 순식간에 명함이 없어집니
다. 대신 여기저기서 받은 명함이 늘어납니다.

처음에는 앨범 형태의 명함집을 서서히 채웠습니다. 어느새

명함집은 가득 차고 또 한 권 늘어났습니다. 그런데도 꽉 차서 같은 회사의 명함은 겹쳐서 끼워넣었습니다.

한번은 만났던 사람에게 메일을 보낼 일이 생겨, 허둥거리며 명함을 찾았습니다. 그러나 찾지 못했습니다. 어쩌면 수첩에 있거나 명함집에 넣어 둔 것이 아닐까 생각했습니다.

결국 인터넷에서 상대방의 연락처를 찾아 전화로 메일 주소를 문의하여 처리하였고, 나중에 이런 일이 생기지 않도록 명함을 정리했더니 찾았던 명함이 나왔습니다. 다른 사람의 명함 밑에서 말입니다.

그 밖에도 명함에 있는 연락처로 전화하면 부서가 완전히 바뀌어 있거나 중간에 퇴사했다는 등의 응답을 들은 경험이 여러분에게도 있지 않은가요? 다시 말해 전부 쓸모없는 인맥입니다.

인맥을 활용하는 능력, 인바스켓에서는 이것을 '조직활용력'이라고 평가합니다. 조직이나 타인을 활용할 때 중요한 것은 넓은 인맥이 아니라, 타인의 힘이 필요할 때 적임자를 찾아 도움을 받을 수 있느냐 하는 것입니다.

많은 명함이 인맥의 기반이 될지도 모릅니다. 그러나 명함을 갖고 있는 것과 그 사람을 효과적, 효율적으로 활용하는 것은 별개가 아닐까요? 인맥은 활용할 때 성과로 연결됩니다. 명함을 보관하는 것과 네트워크를 활용하는 것은 별개입니다.

여러분이 보관하고 있는 명함집을 보십시오. 네트워크로 활용할 수 있는 인재는 어느 정도인지요? 정보의 신선도가 떨어지고, 얼굴도 생각나지 않는 사람이 많지는 않습니까?

↳ 명함을 못 버리는 이유

지금까지 명함 얘기를 했는데, 명함을 못 버리는 사람은 쓸모없는 인맥 또한 못 버립니다. 인맥이 넓으면 명함 보관 관리 외에도 그만큼의 에너지를 소비하게 되고, 시간이나 비용도 듭니다.

그러나 그런 손해를 따지기 보다도, 많은 사람을 안다는 증거니까 보관하는 것이 중요하다고 생각하는 경우도 있습니다. 이것은 '소망 인맥'입니다. 소망 네트워크인 것입니다. 언젠가 쓸모 있을 거야, 어쩌면 아직 필요할지도 몰라. 그런 생각이 명함을 못 버리는 본질적인 이유입니다.

소망 인맥이나 네트워크에 힘을 낭비하기보다 필요 인맥에 힘을 기울여야 합니다. 그러기 위해서라도 필요 인맥을 미리 정리할 필요가 있습니다. 필요 인맥이란, 여러분의 일을 이해하고 앞으로 필요해질 인맥입니다.

소망 인맥에 소요되는 시간을 필요 인맥에 집중합시다. 필요 인맥에 집중하면 그 인맥이 쓸모 있는 새로운 인맥을 소개합니다. 버리기는 결코 인맥을 좁히는 일이 아닙니다.

100명이 아니라 고작 5명이어도 좋습니다. 두터운 인맥을 형성한 그 5명이 여러분이 궁지에 몰렸을 때 조언이나 조력을 제공해 줍니다. 얕고 넓기보다 깊고 오래된 인간관계를 구축합시다. 그것이 장기적으로 여러분의 재산이 됩니다.

낡은 명함은 버립시다. 수중에 있는 수많은 명함을 필요 명함과 소망 명함으로 나누어 처분합시다. 이상적인 비율은 <u>남기는 명함이 20퍼센트, 처분하는 명함이 80퍼센트</u>가 되는 것입니다.

버리기의 비법은 기준을 정하는 것입니다. 명함집이 4권 있다면 1권으로 정리한다, 이것을 지킨다면 반드시 나눌 수 있습니다.

명함은 그 자체에 목적이 있지 않습니다. 상대방의 정보를 활용하려고 보관하는 것입니다. 조직활용 능력을 제대로 발휘하려면, 받은 명함을 모으는 것뿐만 아니라 선택하여 버리는 행동도 필요합니다. 명함 버리기는 여러분이 소중히 다뤄야 할 인맥을 보게 합니다.

■

소망 인맥과 필요 인맥으로 명함을 나눈다.
예를 들면 '얼굴이 떠오르는가?'를 기준으로 한다.

■

여차할 때 의지할 수 있는 인재의 명단이 인적 재산이다.
그 명단은 항상 갖고 다닌다.

버려서
얻는 것

■

필요 인맥에 집중할 수 있다.

3장

일을 버리자

"열심히 하는데
성과는 왜 나지 않을까?"

ㄴ 골판지 4상자 분량이 문서 분쇄기로 사라졌다

저는 야기라고 합니다.

총무과에서 주로 법규 준수와 산재 방지, 산재와 관련한 각종 절차 등을 담당하고 있습니다.

원래 법학 전공으로 법무사가 목표였지만, 어째서인지 시험이 가까워지면 몸상태가 나빠져 공부가 잘 되지 않았습니다. 언제까지 법무사 준비생으로만 있을 수도 없어서 이 회사에 들어왔습니다.

법무사가 목표였던 이유는 사람을 대하는 것이 서투른 데다 영업보다 매일 책상에 앉아 묵묵히 일하는 업무가 맞을 것 같아서입니다.

이쪽 공장에 배치된 후, 본사에서처럼 상사에게 괴롭힘을 당하지도 않고, 몸상태도 원래대로 돌아왔습니다. 전임 과장에게 현재 업무가 저에게 잘 맞으니 계속 이곳에서 근무하고 싶다고 부탁했지만, 과장이 바뀌어 어떻게 될지 조금 불안합니다. 과장의 별명이 '비용 절감의 귀재'라는 말을 들으니 더욱 불안해집니다.

새로운 과장은 조금 차가운 면이 있지만 멋진 여성입니다. 실제로 만나 보니 매우 상냥해 보이고, 문자 그대로 '재색 겸비' 자체였습니다. 과장이 오고 나서 회사가 밝아진 것 같습니다. 앞으로 매일매일 즐거울 것 같은 예감이 듭니다.

그러나 총무과의 평온함은 사라졌습니다. 특히 오카무라 씨는 과장을 눈엣가시로 여기는 듯합니다. 그러나 과장은 말하는 것도 조리 있고, 실제로 과장이 말한 기준으로 분류하니 서류도 골판지 4상자 분량이 문서 분쇄기로 들어갔습니다.

기준만 명확하면 저도 아무런 불만이 없습니다.

ᴗ 소방훈련 스케줄

아, 이건 못 하겠다. 16시 40분. 오늘은 쓸데없는 일이 늘어나 본래 업무를 대부분 못 했다.

먼저 에코 추진 관리 업무인 불필요한 형광등 소등 체크, 그리고 소화설비 체크, 거기에 화장실 휴지 사용량 조사, 그 다음은 소모품 재고 체크도 해야 한다. ES(종업원 만족도) 추진 앙케이트 회수율도 한번 더 확인하는 게 좋겠다.

내가 체크표를 정리한 파일을 들고 자리에서 일어나려 할 때 모치즈키 주임이 말을 걸어왔다.

"야기 씨, 다음 주 소방훈련 계획표 만들었죠? 과장님께 말씀 드리고 싶은데 출력해 주겠어요?"

"지금 준비하겠습니다. 그런데 정작 중요한 소방서 측에서 모의 소화 훈련과 소방서장 훈시 스케줄을 아직 확정해 주지 않고 있어요."

"네? 정말이에요? 어디까지 진행되었나요?"

어디까지냐고……. 아직 최종 협의도 끝나지 않았다고. 일단 결정된 것만 말해 두자.

"날짜를 확정해서 8시 30분경 방문을 요청하고 있습니다만, 아직 최종 협의되지 않았습니다."

"아, 그래요. 그게 결정되지 않으면 언제 총평을 할지, 모의 소화 훈련에 시간이 어느 정도 걸릴지 모르기 때문에 계획을 짤 수 없겠군요. 그런가요…….."

진짜 할 필요가 있는 건가?

소방서 스케줄이 결정되지 않으면 계획을 못 세운다는 것은 애당초 알고 있었다. 만약 계획을 미리 세우고 싶었다면, 훨씬 전에 그렇게 말했으면 좋았을 걸. 그런 생각으로 한숨을 내쉴 때, 과장의 날카로운 질문이 날아들었다.

"잠시만, 소방훈련 계획은 일주일 전에 완료하여 총무과 내부에서 논의하기로 했었죠. 이제 와서 계획이 정해지지 않았다니 어떻게 된 거죠?"

모치즈키 주임이 수습하려고 과장 앞으로 갔다. 모치즈키 주임은 이럴 때 임기응변으로 어물쩍 넘어가는 데 일가견이 있다. 눈 가리고 아웅 하자는 건가.

"죄송합니다. 지금부터 전부 확인하겠습니다. 그렇죠, 야기 씨?"

말도 안 된다. 지금부터 할 일이 엄청 많다. 당장만 모면하면 된다는 식의 사고방식은 납득할 수 없다.

"그 건은 할 수 없습니다. 하고 싶다는 생각은 산더미처럼 크지만, 지금부터 할 일도 있고 다음 주 초에 확인하겠습니다."

"그 할 일이란 게, 지금부터 해야 할 일이란 게 뭐죠?"

과장의 질문이 모치즈키 주임의 어깨를 넘어 날아왔다. 나는 해야 할 일을 조목조목 읽었다.

"그게 정말 필요한 일인가요?"

"네. 꼭 해야 할 업무입니다. 지금까지 계속 해 오고 있습니다."

과장이 일어나 날카로운 눈매로 응시하기에 흠칫했다.

"지금까지 해 왔기 때문에 그대로 업무를 계속하면, 정말 해야 할 일을 못하게 되지 않나요?"

제가 지금까지 해 온 업무가 인정받지 못 하는 것처럼 느껴졌습니다. 그러나 어쩐지 이상하게 납득되는 부분도 있었습니다. 저 또한 어찌돼도 좋은 일은 하고 싶지 않습니다.

선택과
집중의
기술 3

필요 업무를
최우선으로 한다

ᐯ 필요인가, 소망인가

어느 관리직 연수에서 하루 일과를 분석해 봤더니, 업무 건수가 적은 사람이라도 40가지 정도, 많은 사람은 80가지 정도의 업무가 발생한다고 머리말에 썼습니다. 관리직이 되면 갑자기 일이 생기기도 하고 부하의 업무를 확인하는 등 처리할 업무가 많아집니다.

일이 정리되지 않는 사람의 특징은 일을 전부 일로 여겨서 다 해내지 못한다는 것입니다. 같은 관리직이라면 업무량이 동일할 테지만, 성과를 올리는 사람은 일을 취사선택하여 힘 쓰는 방법에 변화를 줍니다. 즉, '모든 일에 만점을 얻으려 하지 않는다', 어떤 의미로는 '중요하지 않은 업무는 버린다'고 결정하는 것입니다.

버리기는 업무를 하지 않는다는 것이 아닙니다. 스스로의 합격 기준을 바꾸는 것입니다. 지금까지 100점을 목표로 했다면, 중요하지 않은 일은 80점만 해도 좋습니다. 때로는 시늉만 하는 것도 있을 테지요. 남는 힘을 중요한 일에 돌리면, 같은 힘을 들여도 성과가 크게 달라집니다.

많은 보고와 정보를 접할 때 하나하나 세세하게 체크하면서 문제를 해결하려면 시간이 부족합니다. 보고 하나를 받을 때에도 중요한 보고와 그렇지 않은 보고를 구분합니다. 체크하는 비중도 다르게 합니다.

수영을 배울 때 매번 같은 힘으로 발차기를 하는 것보다, '가볍게 여러 번, 강하게 한 번' 하는 식으로 강약을 다르게 해서 차는 법을 익히는 것이 앞으로 나아가는 기술이라고 배웠습니다.

일도 마찬가지입니다. 저도 제 역량 이상의 일이 될 것 같으면 비중을 다르게 하거나, 그 업무를 버립니다. 버리기의 기준은 "필요한가?" 아니면 "소망인가?"입니다.

ᄂᆝ 하지 않으면 무엇을 잃는가

필요 업무와 소망 업무를 나눌 때, 먼저 자신이 하고 있는 업무부터 철저히 파악합니다. 시간이 많이 걸리지 않습니다. 매일 아침 해야 할 업무를 수첩에 적고, 퇴근할 때 완료한 업무를 적습니다. 3일간 반복하면 8할 정도 업무가 파악됩니다.

그 다음 업무 하나하나에 대하여 "그 일을 하지 않으면 어떤 영향이 생길까?"라는 질문을 던져 보십시오. 이 질문이 추상적이면 "그 일을 하지 않으면 무엇을 잃게 되는가?"라는 질문도 괜찮습니다. 대답은 구체적이고 현실적으로 생각해 주십시오.

이런 질문을 하는 이유는, 대개 자신이 중요하다고 느끼는 일은 자신만 중요하다고 느낄 뿐 실제로는 하지 않아도 되는 경우가 많기 때문입니다.

"당연하게 하는 일, 작업."

"습관적인 업무."

"자존심이나 자기 보신을 위한 업무."

"자기 기호에 맞는 업무."

"필요 이상 깊이 파고 있는 업무."

"현실도피성으로 하고 있는 업무."

"원래는 부하 직원이나 다른 사람이 해야 할 일."

이외에 하지 않으면 안 되는 일이 있어도, 빨리 해치우는 것이 마음이 편하다고 재미있는 일을 먼저 하는 것도 자신을 위한 '소망 업무'입니다.

이것은 인바스켓의 우선순위 결정에서 이야기하는 '긴급하나 중요도가 낮은 업무'입니다. 여기에 주력하는 사람은 열심히 하고 있음에도 성과가 나오지 않는 경향을 보입니다.

⩔ 해내는 사람의 비법은 여기에 있다

일에는 '필요 업무'와 '소망 업무'가 있습니다.

필요한 업무도 두 가지로 나뉘는데, 지금 필요한 업무와 앞으로 필요하게 될 업무가 있습니다. 본래 집중해야 할 일은 앞으로 필요하게 될 업무입니다. 인바스켓에서는 B사분면(270쪽의 그림 참조)이라고 합니다.

여기에서도 버려야 할 업무는 소망 업무입니다. 소망 업무는 '해 보고 싶다'고 여길 수도 있지만, 사실은 '하지 않으면 안 된다'고 굳게 믿고 있는 일일 때가 많습니다.

소망 업무는 여러분이 스스로를 위해 만들어낸 일입니다. 메모, 다이어리 정리, 스케줄 작성, 체크를 위한 체크리스트, 보여주기 식 업무……, 떠오르는 것이 없는지요?

반면 본래 주력해야 하는 것은 필요 업무입니다. 지금 당장 필요하다고 여겨지는 업무보다 앞으로 필요하게 될 업무에 보다 더 힘을 집중해야 합니다. 여러분 자신이 이루고자 하는 목표라든가 보다 높은 목표를 성취하기 위해서 앞으로 필요하게 될 업무에 주력하는 것, 이른바 사전 업무에 얼마나 힘을 집중할 수 있는지가 커다란 성과로 이어지기 때문입니다.

저는 부하 직원에게 이런 내용을 다음과 같은 예로 자주 설명합니다.

"이가 살짝 아플 때 치과에 가는 편이 좋다고 생각하나? 아니면 이를 뽑아야 할 상황까지 기다리는 게 좋다고 생각하나?"

모두 전자를 택합니다. 일도 똑같습니다. 미리 하는 것, 이것이 업무에서 성과를 올리는 사람의 비법입니다. 그러기 위해서는 필요 업무를 먼저 하고, 소망 업무를 버려야 합니다.

지금 여러분이 집중해야 할 것은 필요 업무입니다.

버리기 팁

■

본인의 업무를 한번 철저히 파헤쳐 본다.

■

필요 업무와 소망 업무로 나눈다.
기준은 필요 업무 2, 소망 업무 8
또는 3대 7로 나눈다.

■

그 일을 하지 않으면 어떤 손실이 생기는지 현실적
으로 생각해 본다.

버려서 얻는 것

■

본래 해야 할 업무에 집중한다.

■

앞으로 필요한 업무 준비를 할 수 있다.

4장

정보를 버리자

"1개월 이상 지난 정보는 정보가 아니다"

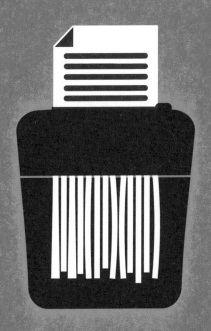

모치즈키
이야기

ᐯ 찾는 작업은 속도를 올려라

주임인 모치즈키입니다.

음, 다카스기 과장이 부임하신 후 1주일이 지났습니다. 솔직히 업무 방식이 달라 놀랐습니다. 많이 배우고 있습니다. 수준이 높은 분과 일하는 게 좋은 한편으로 제 미숙함이 도드라져 의기소침하기로 합니다.

일주일 동안의 잔업시간은 예상했던 것보다 2배 정도 많았지만, 과장은 월 잔업시간을 그 기간에 집중시키면 결과적으로 잔업이 줄어든다고 말씀하십니다.

공장장님은 몇 번씩이나 저를 불러 "정말 괜찮냐?"고 물어보시는데, 저는 신임과장을 믿을 수밖에 없으므로, "괜찮습니다."라고 대답했습니다. 어째서 과장에게 직접 말씀하지 않으시는지 모르겠습니다. 그리고 이렇게도 말씀하셨습니다. "뭔 일 있으면 바로 보고하도록."

부서 직원들 말입니까? 그렇네요. 야기 씨와 나쓰미네 씨는 신임과장과 잘 지내고 있습니다만, 어쩐지 오카무라 씨는 어지간히 거부반응을 보이고 있습니다. 뭐, 중립을 지키는 것이 제일이겠지만요.

그래도 환경은 확실히 좋아졌습니다. 불필요한 서류도, 의미 없는 업무도 상당히 줄었습니다. 서류 창고가 텅텅 비어 작업하기도 쉬워졌습니다. 특히 요청 서류를 찾는 속도가 현저히 다릅니다.

이것을 본 다른 부서도 동일하게 정리를 시작했습니다. 업무 진행 방식도 바뀌었습니다. 야기 씨가 맡고 있던 업무를 정리했는데, 솔직히 이것뿐이었나 싶을 정도로 놀라웠습니다. 그중에는 본인을 위해 만든 업무도 있었습니다. 야기 씨는 지금까지 해 온 업무를 그만두는 것에 저항하기는 했으나, 필요하면 다시 진행한다는 조건을 붙여 일단 그만두게 했습니다.

한 일주일 지내고 보니 실무에도 거의 영향이 없는 듯하고 야기 씨 본인도 본연의 업무인 컴플라이언스에 집중할 수 있게 된 것 같습니다.

ᴸ」 그게 최신 정보?

오, 누군가 했더니 야기 씨였다.

"주임님, 좀 곤란하게 되었습니다."

야기 씨가 표정 변화 없이 말했다. 단조롭게 얘기하니 정말 곤란한지 어떤지, 언제나처럼 분간이 전혀 되지 않는다.

"무슨 일입니까?"

"지금 소방서에 연락이 되었는데……."

"협의가 잘 되지 않습니까?"

"아닙니다. 협의는 잘 되고 있습니다만, 그것과 별개로 소방 설비를 확인하기 위해 내일 오후에 방문한다고 합니다."

"네~에! 내일 말입니까?"

뭔가 얘기를 잘 해서 시간을 벌고 싶지만 방법이 없다.

큰일이다. 위기다. 과장에게 이 건을 빨리 보고하지 않으면 안 된다.

과장은 냉정을 유지한 채 보고를 들은 후 질문했다.

"정해진 대로 체크하고 있다면 문제없겠죠."

그런가. 아무것도 허둥댈 필요가 없는 건가. 항상 제대로 해 둔다면.

"그래도 여기는 괜찮을까?"

체크리스트에 있는 피난통로 확보라는 항목을 손가락으로 가리키며 과장이 말했다. 공장 내 피난통로는 반입 자재 보관장소 옆에 있는 비상계단인데, 놓을 자리가 없는 자재를 쌓아두는 장소처럼 되어버린 곳이다. 물론 피난통로에 자재가 쌓여 있어서는 안 된다.

나 역시 위험하다고 생각해 지난달 말에 점검해 두었다. 그래서 확신을 갖고 말했다.

"거기는 괜찮습니다. 제가 직접 눈으로 확인했으니까요."

"언제?"

"네? 지난달입니다."

"다시 한 번 보고 오지."

"네? 확실히 보고 왔습니다만."

과장이 불문곡직하고 지시를 내리는 게 혹시 내가 진짜 보지 않았다고 의심하는 것인가 생각해 살짝 낙심했지만, 과장의 지시에 변명도 못하고 확인하러 비상계단으로 연결된 문을 열었더니…….

"에엣, 진짜? 왜?"

나도 모르게 목소리가 커졌다. 파란색 덮개가 씌워진 뭔가 장치같은 것이 놓여 있는 것이다. 그 탓에 비상계단은 사람이 지나가려면 옆으로 몸을 틀어야 할 정도로 좁아져 있었다.

누구야. 한 달 전에는 없었는데…….

과장은 이것을 알고 다시 확인하라고 지시를 내린 것일까?

선택과
집중의
기술 4

최신 정보인지
확인하는 습관을 가진다

⩗ 정보는 신선함이 생명

지금 우리를 둘러싸고 있는 정보는 인간이 처리할 수 있는 양의
2만 배라고 합니다. 정보를 지배해야 성과를 낸다는 것도 옛날
이야기고, 지금은 결정할 때 얼마나 신선한 정보를 수집하고 구
분할 수 있는지로 성과가 결정됩니다.

여러분 앞에 강사로 서는 제 책무 중에 여러 가지 정보 제공
이라는 소임이 있습니다. 저희는 강의 소재라고 부르는데, 이
소재는 신선도가 생명입니다.

저도 세미나나 강연에서 말씀드리는 정보가 최신 정보인지

확인을 합니다. 만약 오래된 것이라면 정보를 바꿉니다. 그렇게 하지 않으면, 저보다 최신 정보를 갖고 있는 사람은 틀린 정보를 얻게 되기 때문입니다.

정보는 신선도가 생명입니다. 습득한 순간부터 가치가 떨어집니다. 그러나 일단 손에 들어온 정보를 버리지 못하는 사람이 많습니다. 지금 손에 쥐고 있는 정보의 가치를 높게 평가하는 사고방식에서 기인한 잘못된 결정입니다.

예를 들어 'SNS에서 가장 많이 이용되고 있는 콘텐츠는?'이라고 하는 질문에 믹시(mixi. 일본 소셜 네트워킹 서비스)와 페이스북이라고 답하는 분들도 있겠죠. 이 책을 쓰고 있는 지금은 라인이 그것들을 제쳤습니다. 여러분이 이 책을 읽고 계실 때는 다시 바뀌었을지도 모르겠습니다.

정기적으로 정보를 바꿔주지 않으면 쓸 수 없는 것만 잔뜩 갖고 있게 됩니다. 판단의 정확성도 떨어지고 상대방에게 잘못된 정보를 전달하는 일도 생깁니다.

결정에 도움이 되는 정보를 적시에 입수할 수 있는 능력을 '정보 수집력'이라고 합니다. 정보 수집력은 많은 정보를 갖는 것이 아닙니다. 낡은 정보나 쓸 수 없는 정보는 무용지물입니다. 갖고 있다는 것에 안심하는 소망 정보에 지나지 않습니다.

⋁ 쓸 수 없는 정보에 현혹되지 않는 요령

그러면 낡은 정보는 정기적으로 모두 새로운 정보로 교체하는 게 좋냐 하면, 꼭 그렇지만은 않습니다. 따라서 정보를 사용하기 전에 확인하는 행동을 했으면 합니다. 이 정보가 정말 정확한 것인가, 최신 정보인가 확인하는 행동에 힘을 집중하세요. 그렇게 하면 '쓸 수 없는 정보를 버리는' 행동으로 연결됩니다.

지나치게 많은 정보를 갖고 있으면 정보를 갱신하는 것도 일입니다. 종류에 따라 다르지만, 1개월 이상 지난 정보는 정보가 아닙니다.

마찬가지로, 정보 입수처 압축도 추천합니다. 예를 들면 항상 보는 신문, 잡지, 방송을 정해 두면 불필요한 정보 입수처를 버릴 수 있습니다.

불필요한 정보에 현혹되면, 잘못된 믿음이나 고정관념으로 고착되어 때로는 큰 낭패의 원인이 됩니다. '무엇이 사용 가능한 진짜 정보인가?' 자신이 갖고 있는 정보일수록 더 의심하는 프로세스를 거치세요. 이것이 인바스켓에서 말하는 '문제분석력'입니다.

제가 회사 운영에 사용하는 정보는 압축되어 있습니다. 활용하려 들면 갖가지 숫자나 정보가 있긴 합니다만, 아무리 봐도 쓸 수 없는 정보가 많습니다. 따라서 정점 정보(일정한 때에 일정한 기준에 따라 수집된 정보)라 부르는 동일한 정보를 시계열(시간의 흐름에 따른 변동 사항을 나타내는 것)로 비교해 보는 방법을 취합니다. 동일 정보를 비교해 보는 것으로 추세가 파악되기 때문입니다.

인간이 정보를 수집하는 행동 이면에는 지식욕이 있습니다. 그것을 방해하는 것이 낡은 정보입니다. 낡은 정보를 버리면 신선한 정보가 들어옵니다. 그중에서도 쓸 수 있는 정보에 집중하면 항상 새롭게 쓸 수 있는 정보를 습득할 수 있습니다.

정보의 신진대사를 위해서라도, 지금 갖고 있는 정보를 버리는 용기를 가지십시오.

■

지금 갖고 있는 정보가 최신의 것이며
정확한 것이라고 생각하지 않는다.
확인 프로세스를 거쳐라.

■

정보 입수처를 한정하여 일정한 기준으로 정보를
수집한다. 그러면 새로운 정보로 갱신된다.

■

최신 정보로 결정을 내릴 수 있다.

■

정보 입수처를 압축함으로써 불필요한 정보를 수집
하지 않게 되고, 필요한 정보를 수집하는 데 시간을
투입할 수 있다.

5장

틀을 버리자

"창조적인 아이디어는 왜 떠올리기 어려울까?"

야기
이야기

ᄂᆞ 자, 올해부터는 뺍시다

야기입니다.

과장 말입니까? 얼마 전에 머리 모양을 조금 짧게 바꿨습니다. 왼손의 반지도 신경 쓰입니다.

업무는 소문대로 수완가네요. 그러니 여성임에도 관리직이 될 수 있었는지도 모르겠습니다. 아뇨 아뇨, 이것은 성차별성 발언이 아닙니다.

저는 이렇게 산뜻하게 일처리를 하는 여성은 대환영입니다. 확실히 기준을 정해 주는 상사는 오랜만에, 아니 처음일지도 모르겠습니다.

아, 또 과장이 저를 찾고 있네요. 뭘까요, 제가 제출한 소방훈련 계획서를 매의 눈으로 보고 있군요. 저렇게 무서운 과장의 옆모습에도 사실은 살짝 설레이지만, 아무래도 좋은 얘기는 아닐 듯한 분위기입니다.

"야기 씨……. 이 계획 말인데, 이 부분은 빼주지 않겠어?"

과장이 노란색 형광펜을 칠해 놓은 부분은 총무과장의 인사라는 항목이었다.

'모르니까 저런 소리를 하는구나.'

나는 알려줘야겠다는 생각이 들었다.

"과장님, 이 행사는 매년 정해져 있는 행사입니다. 뺄 수 없습니다."

"어라, 그래? 그럼 올해부터 뺍시다."

응? 무슨 소릴 하는 거야, 과장아. 지금까지 계속해 왔는데 그건 있을 수 없다고. 단호히 거절했다.

"그건 불가합니다. 과장님의 인사는 작년에도, 그 전년에도, 과거 14년간 해 왔으므로 이번에도 계획표에 넣은 겁니다."

"별도로 내가 인사 안 해도 괜찮지 않나. 그것보다 되도록 빨리 사원들을 업무에 복귀시키고 싶은데."

"아니, 매년 해 왔으니 하지 않으시면 곤란합니다."

"뭐라고? 그게 이 공장의 관례인가?"

"그렇다고 할까요. 매년 정해져 있는 것이고, 그래서 계획에 들어가 있는 것이니까요."

⨆ 소방서장이 아니어도 좋다고?

내가 한치도 물러서지 않고 있을 때, 나쓰미네 씨가 전화가 왔다며 말을 전했다. 과장이 받을 것 같은 모양새라 얼른 낚아챘다.

뭐야, 소방서에서 온 전화야?

음…… 어? 저런…… 난처하네…….

바로 과장에게 보고하러 갔다.

"과장님, 큰일입니다. 소방서장 일정이 겹쳐서 당일 당사에 내방하지 못 하신다 합니다."

나는 벼락이 떨어질 것을 각오하고 다 죽어가는 목소리로 보고했다. 좀 더 빨리 소방서와 협의했어야 했다. 내 잘못이다.

과장은 멀뚱히 내게 되물었다.

"어느 분이 대신 오시지?"

"네, 소방지도관께서 오십니다만, 소방서장의 훈시는 넣을 수 없습니다."

"그건 어쩔 수 없지. 그 지도관에게 훈시를 부탁해 보면."

"그건 안 됩니다. 소방서장의 훈시는 매년 행해진 것이라."

"소방서장께서 어떤 말씀을 하시지?"

"확실히 기억하지는 못합니다만, 화재예방이었던가."

"그럼, 굳이 소방서장이 안 하셔도 괜찮지 않나."

뭐야, 뭐야, 이 사람은 어째서 간단히 행사 내용을 바꿀 수 있는 거지?

선택과 집중의 기술 5

틀을 버리면 아이디어가 샘솟는다

우리는 좁은 틀 안에서 전전긍긍하고 있다

어느 연수에서 수강생에게 질문했습니다. '연간 예산 60만 엔으로 과소화된 농촌 인구를 늘릴 아이디어가 있는가?'라는 것이었습니다. 반수 이상이 60만 엔으로는 예산이 부족하다, 60만 엔을 사용해 농촌 피아르를 한다는 등의 답변을 했습니다. 여러분은 어떤 아이디어를 갖고 있습니까?

어느 강연장이든 몇 분은 놀랄 만한 아이디어를 내놓습니다. 예를 들면, "60만 엔을 운영자금으로 써서 자금을 늘린다." "60만 엔을 사용해 과소화된 농촌 인구를 늘릴 아이디어를 모집한다." "예산을 늘리도록 정부 부처와 교섭한다." 등입니다.

독자 중에는 '그건 규칙 위반이다.' 또는 '전제조건에 부합하는 아이디어는 아니다.'라고 생각하는 분이 계실지도 모르겠습니다. 그렇지만 이런 발상은 인바스켓에서 말하는 '창조성'의 발현입니다. 창조성은 틀을 벗어난 발상이나 아이디어를 내는 행동을 말합니다. 그러나 많은 사람들이 부지불식간에 좁은 틀속에서 끙끙 머리를 싸매고 있는 것이 현실입니다.

60만 엔의 예산이라 하면, '60만 엔으로 해내지 않으면 안 된다.' 또는 '60만 엔을 사용하지 않으면 안 된다.'라고 생각해 버립니다.

또는 '스스로 아이디어를 생각해내지 않으면 안 된다.'라는 틀에 박히면 다른 사람한테 조언을 듣거나, 아이디어를 모집한다는 방법이 나올 수 없습니다.

틀을 못 버리기 때문입니다. 그보다 진짜 원인은 본인이 갇혀 있는 틀이 어떤 것인지 모르기 때문입니다.

저도 전 직장을 그만두고서야 제가 갇혀 있던 틀이 많았음을 깨달았습니다. 회사라고 하는 틀은 그곳에 속해 있으면 깨닫기 어렵다는 것도 다시금 느꼈습니다. 당시에는 우주적인 발상을 하는 동료를 이질적인 인간으로 취급하고 때로는 색안경을 끼고 봤지만, 회사를 그만두고 보니 그 사람이야말로 사회라는 틀에서는 지극히 통상적인 인간이고 우리가 이질적인 틀 안에서 살아가고 있었던 것입니다.

┕ 습관, 상식, 전례대로⋯⋯ 스스로를 위험에서 지키는 틀

틀에는 '소망 틀'과 '필요 틀'이 있습니다.

소망 틀은 그 틀 안에서라면 우선 안전하다고 생각하는 틀입니다. 전례대로라든가 습관, 상식, 기준 등입니다. 스스로를 리스크로부터 지키기 위해 자연스럽게 받아들이는 소망 틀이지요.

한편 틀이 없으면 곤란해지는 경우도 있습니다. 예를 들어 회사의 기풍을 유지하려면 규칙도 필요하고, 모든 사원이 멋대로 일을 하면 안 되니까 방침 등도 당연히 있어야 합니다. 이런 것들을 필요 틀이라고 합니다. 모든 틀이 나쁜 것이 아니라, 스스로 어떤 틀 안에 갇혀 있는지 아는 것이 중요합니다.

소망 틀과 필요 틀, 이 둘의 차이는 틀을 어떻게 사용하는가에서 나타납니다. 필요 틀은 목표달성을 위해 기존의 틀을 깨기 위해 사용하지만, 소망 틀은 목표를 달성하지 못했던 이유를 만들기 위해, 즉 자신을 지키기 위해 사용합니다.

소망 틀은 '리스크는 감수하지 싶지 않아.'라는 소망에서 생겨나는 경우가 많습니다. 전례대로 하면 생각하지 않아도 되고, 주위 사람들에게 설득력도 있으며, 다른 이의 공격을 받을 일도 없으니까 틀을 만들고 있는 것은 아닐까요? 스스로 틀을 만들어버리면 필요한 선택지를 놓쳐버리게 됩니다.

↘ 틀을 벗어나면 선택지가 무한히 넓어진다

틀을 버리면 지금까지 해결할 수 없었던 문제가 간단히 풀립니다.

예를 들어 컴퓨터가 갑자기 멈추거나 메모리가 부족하여 작동이 느려지는 불편함이 발생했다고 가정해 봅시다. 지금까지는 어떻게든 고치려고 했지만 '그 컴퓨터를 계속 사용한다'는 틀을 버리면 컴퓨터를 새 것으로 구매한다는 방법이 나옵니다. '그 작업은 컴퓨터로만 해야 한다'는 틀을 버리면 전자계산기로 계산하거나 스마트폰을 활용하는 방법도 나옵니다. 즉, 지금까지 생각지 못했던 선택지가 한없이 늘어날 수 있습니다.

비즈니스에서 살아남기 위해서는 변화가 필요합니다. 변화하기 위해서는 일단 틀을 버리고 생각할 필요가 있습니다. 그러므로 틀을 지키는 것이 아니라, 틀을 찾아 뛰어넘는 것에 힘을 집중하십시오.

제가 스스로의 틀에 갇혀 있다고 느낄 때는 아이디어가 나오지 않을 때입니다. 그 틀이 무엇일까요? 예산이나 규칙, 아니면 전례나 습관일지도 모르겠습니다.

우리가 열의를 가지고 노력해야 하는 것은 소망 틀을 지키는 것이 아니라, 그 틀을 버리고 필요한 선택지를 생각하는 것입니다. 그러면 지금까지 해결하지 못했던 문제도 해결할 수 있게 되고, 여러분 스스로도 틀에서 벗어나 홀가분해집니다.

**버리기
팁**

■

발상이 떠오르지 않을 때는 어떤 틀에 갇혀 있다고
생각한다.

■

그 틀이 뭔지를 생각해 본다.
틀을 알아내는 비결로, 전제조건이 무엇인지
생각해도 좋다.
그 다음, 틀을 버리고 아이디어를 생각해 낸다.

**버려서
얻는 것**

■

지금까지 해결 못했던 문제가 해결 가능해진다.

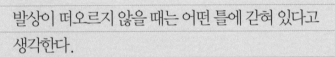

6장

관계를 버리자

"쓸모없는 관계를 언제까지 유지할 것인가?"

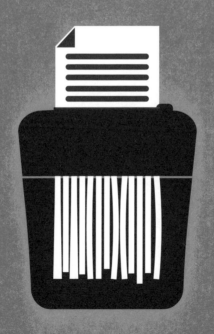

┕┘ 거절하면 기분이 찜찜해

나쓰미네입니다.

저는 동기와 함께 가라오케를 가거나 쇼핑하는 것을 좋아합니다. 학창시절처럼 마음껏 깔깔거릴 수 있으니까요.

사회인이 되어서 아쉬운 점은 학생 때 같은 시간이 없다는 것입니다. 제법 바쁩니다. 그럼에도 불구하고 오늘 저녁도 동기와 함께 오므라이스가 맛있다는 가게에 가기로 했습니다. 뭔가 일상의 즐거움이 없으면 일에 열중할 수 없거든요.

아~ 사내메일이 왔네.

어, 오카무라 씨한테서 온 것 같다.

"내일, 함께 긴자에 생긴 카레집에 가지 않을래?"

오카무라 씨는 맛집 전문가다. 미식가 블로그를 운영하고 있을 정도다. 요전에는 나폴리탄 스파게티가 맛있는 가게에도 데려가 주었다.

그렇지만 신입사원이라 지갑은 비상경보를 울리고 주말엔 친구 결혼식 2차 모임이 있다. 모레는 절친 유루미와 가라오케에 가기로 약속했는데.

모처럼 함께 가자고 하는데 거절하자니 찜찜하고. 게다가 인간관계는 중요하다고들 하잖아.

어쩌면 좋지?

↳ 어째서 거절할 수 있지?

어쩐지 안절부절 못하는 야기 씨가 시야에 들어왔다.

뭔가 말하려 할 때 보이는 야기 씨의 버릇이다. 마치 타조가 우리에서 머리를 내밀고 주위를 살피는 것 같다.

아, 거북하게 눈이 마주쳐버렸네. 야기 씨가 나를 보며 말했다.

"어, 그냥 아이디어인데요. 다음 주에 과장님 환영회를 하면 어떨까요? 제가 추진하겠습니다."

엑. 우와악. 진짜?! 봐달라고.

이런 생각이 드는 찰나, 과장이 웃으며 답했다.

"고맙지만 주말에 일정이 있으니, 좀 더 안정되면 부탁할게. 마음만 받아 두도록 하지요."

"그렇습니까⋯⋯."

야기 씨는 좀 낙담한 듯이 말했다. '왜 그렇게까지 낙담하는 거지?'라는 생각이 들 정도로 움츠러들었다.

휴~하고 가슴을 쓸어내렸습니다. 과장은 어쩜 저렇게 스마트하게 거절할 수 있을까요? 저는 쌓인 일을 처리하고 있는 과장을 곁눈질하면서, 스스로 떠안고 있는 짐에 대해 다시 생각했습니다.

진짜 필요한 관계를 판별하는 법

⩔ 인간관계에는 힘, 시간, 돈이 필요하다

인간관계를 구축하는 것은 중요합니다. 인바스켓 연수에서도, 긴급하지는 않지만 중요하게 우선순위를 부여하는 항목 중에 인간관계 구축이 들어가 있습니다. 비즈니스에서 중장기적으로 필요한 것이 인간관계나 신뢰관계이기 때문입니다.

지금은 예전과 달리, 본인의 인간관계뿐만 아니라 다른 이들이 어떤 인간관계를 구축하고 있는지 페이스북 등과 같은 SNS를 통해 볼 수 있어서 인간관계에 대한 생각이 사람마다 많이 다르다는 것을 알 수 있습니다.

인간관계가 넓으면 장점도 있지만 단점도 있습니다. 넓은 인간관계를 유지하는 데는 힘, 시간과 함께 돈이 필요하기 때문입니다.

예를 들어 저는 강연 후 뒤풀이나 식사 자리에 초대를 받는 경우가 있는데, 프로그램에 포함되어 있으면 참석하지만 기본적으로는 거절하고 있습니다. 붙임성이 없는 강사라고 할지도 모르겠지만, 저와 수강생은 친구가 아니기 때문에 철저히 구분하고 있습니다. 반면 대학교 때 은사님이나 동창생, 그리고 인바스켓으로 연결되어 있는 동료와는 긴밀히 연락하고 있습니다.

인간관계의 깊이는 모두 다릅니다. 깊은 인간관계가 있으면 얕은 인간관계도 있습니다. 예컨대 페이스북에서도 실제로 서로 근황을 이해하고 연락을 취하는 이는 30명 정도가 한계치 아닙니까? 하물며 수천 명과 관계를 유지한다는 것은 물리적으로도 어렵습니다.

물론 직장에서의 관계를 무시하라는 것은 아닙니다. 그러나 관계라는 명목으로 여러분의 귀중한 노력과 시간, 자금이 잠식되면 진짜 필요한 인간관계에 투입할 여유가 없어집니다.

⩗ 정말 필요한 관계에 힘을 쏟자

인관관계에도 소망과 필요가 있습니다.

'소망 관계'는 잘 보이기 위해 급하게 만들어진 관계입니다. "거절하기 어렵다." "관계가 있으니까." "어쩔 수 없다." 이런 생각은 인간관계를 향후 장기적인 관계로 지속되게 하지 못합니다. 한두 번 만나고 끝나는 관계는 본디 지속될 수 없는 관계이고 무익한 관계입니다.

한편 '필요 관계'는 '앞으로 계속 이어지는 관계'이며 '여러분이 정말 필요로 하는 관계'입니다.

소망 관계를 버리지 않으면, 원래 필요한 사람과 서서히 거리가 벌어져서 자신도 모르는 사이 멀어질 수 있습니다. 그렇기 때문에 버리는 용기를 가져야 합니다.

업무상 저명인사와 만나는 경우가 있는데, 예전에 명함을 교환한 저명인사로부터 행사나 파티에 초대를 받은 적이 있습니다. 저에게만 보낸 것이 아니라, 명함을 교환한 모든 사람에게 전체 메일로 보낸 것이었습니다. 일주일에 몇 건씩 메일이 와 앞으로는 보낼 필요가 없다는 메일을 보냈습니다.

'거절하면 앞으로 만날 때 어색할까? 그렇다면 메일이 올 때마다 삭제하는 편이 좋을까?'라고 생각한 적도 있습니다. 그래서는 쓸데없이 시간을 낭비하게 되니, 메일 전송을 거절하기 전에 상대와 관계를 계속할 필요가 있는지 없는지 생각할 기회가 됩니다.

무리할 필요는 없습니다. 참을 필요도 없습니다. 관계에 대한 생각을 조금 바꿔 볼 용기를 가지세요. 소망 관계에 힘을 쏟는 것은 그만두고, 남는 시간이나 자금은 여러분에게 정말 필요한 사람에게 집중합시다. 혹시 필요한 인간관계가 딱히 보이지 않으면 그것을 찾는 것에 집중하십시오.

관계를 끊는 것이 아니라, 필요한 관계에 힘을 기울이라는 것입니다.

∨ 인간관계 구축은 스스로에게 투자하는 것

소망 관계와 필요 관계를 구분하는 법을 소개하겠습니다.

소망을 끊어낼 때는 현실적으로 정량화하여 생각하십시오. 여러분에게 득이 되는 가치를 시간과 비용 투자에 대비시켜 봐도 좋습니다. 시간과 비용을 투자한 만큼의 가치가 있나요?

인간관계 구축은 상대에게 투자하는 것이 아니라, 자기에게 투자하는 것입니다. 스스로에게 가장 득이 되는, 예컨대 지식을 습득할 수 있고, 동기부여가 되며, 치유될 수 있는 관계라면 좋겠지요. 거기에 집중하면 충실한 인간관계를 구축할 수 있습니다.

불필요한 인간관계는 도움이 되기보다 여러분을 얽어매어

귀한 시간과 노력, 그리고 돈을 낭비하게 만듭니다. 그렇기 때문에 정말 필요한 사람과의 관계에 집중하기 위해서라도 그 외의 관계는 용기를 내어 버려야 합니다.

버리기
팁

■

관계에 적합한 시간을 할당한다.
그러면 취사선택이 가능하다.

버려서
얻는 것

■

진정으로 중요한 관계에 주력할 수 있다.

7장

완벽한 자아상을 버리자

"스스로 바람직하다고 믿는 모습이 나를 힘들게 한다"

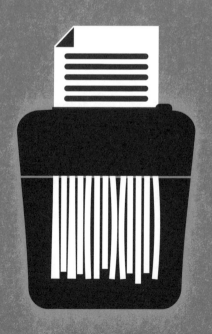

오카무라
이야기

ᰆ 반격할 수 없어

오카무라입니다.

　신임 과장 부임 후 2주. 확실히 혼란스럽습니다. 성가십니다. 전부 인정하지 않고 지금까지 해 왔던 것을 뒤집어 그만두게 만드는, 지금까지는 없었던 새로운 타입. 그래요, 새로운 타입입니다.

　다만, 조리가 있어서 반격하기 어렵습니다. 그래도 잘 생각해 보면 바꿔서 좋은 점이 있는 것도 사실이고, 그것을 인정하면 오히려 지금까지 제 자신이 무엇을 하고 있었나 싶어서 자기혐

오에 빠지게 됩니다.

저는 입사 이후 이 공장에서 나름대로 책임을 완수해서 지금은 좋은 건지 나쁜 건지 모르겠지만 어찌 되었든 공장에서 반장으로 불릴 정도가 되었습니다. 개중에는 터줏대감이라고 부르는 이도 있는 듯하지만…….

지금까지 역임했던 과장들도 제 존재를 인정해 주고, 여러 가지를 의논해 왔습니다. 필요한 존재로 인식되고 있었습니다. 그래서 의논 요청이 있을 때마다 제대로 답해 주고 싶고, 스스로 업무를 완벽하게 해내고 싶으며, 동료의 질문에 답하는 것도 신입사원 교육도 완전무결하게 하고 싶습니다.

그렇지만 이번 과장은 좀처럼 믿어 주지 않고, 오히려 어쩌면 저를 내쫓을 생각을 하는 것이 아닌가 하는 불안감도 있습니다. 물론 당하고만 있지는 않을 겁니다만.

솔직히 아직 과장의 정체를 모르겠습니다. 모치즈키 군은 이 공장을 바로잡으러 온 구세주처럼 말하지만, 저에게는 여성 관리직으로서 살아남으려고 연기하는 것처럼 보입니다. 만약 그렇다면 연기에 휘둘리고 싶지 않으니 철저히 반항해야겠다는 생각이 듭니다.

⚡ 서비스 잔업(시간외수당을 지불하지 않는 야근)을 틀켜버렸다!

그렇게 생각하면서 전표 입력을 하고 있는데 모치즈키가 내 자리로 다가왔다. 난처한 얼굴을 하고 있네. 틀림없이 나한테 의논하러 오는 거려니 싶었는데…….

"저, 오카무라 씨. 잠깐 괜찮습니까?"

"왜 그래, 모치즈키 군. 뭔 일 있어?"

모치즈키 군은 흘끔흘끔 주위를 보더니, 목소리를 낮춰 작게 말했다.

"어제 오카무라 씨 몇 시에 퇴근했습니까?"

"음. 내가…… 그게 왜?"

"곤란하게 됐어요. 과장이 타임카드와 경비실 기록을 살펴보고 있습니다."

정말? 실제 퇴근 시간과 타임카드에 찍힌 시간을 조사한다고? 회사 규정에 잔업시간 제한이 있어서 일단 정시 퇴근으로 타임카드를 찍었지만, 실제로 퇴근한 시간은 3시간 후쯤 되었을까. 모치즈키 군은 미간을 좁히며 말을 이었다.

"직접 확인하고 싶으니 면담실로 오카무라 씨를 불러들이라 하셨습니다."

"어, 나만?"

"네, 우선은."

여기까지 왔으니 어쩔 수 없네. 틀림없이 규칙 위반이라며 큰일이 일어난 것처럼 말하려나. 그래도 회사에 해 되는 짓은 하지 않았다고.

나는 면담실 문을 열었다. 과장이 사실을 확인하고, 규칙 위반에 대해 강하고도 조용히 이야기를 시작했다. 나는 반론을 했지만, 하나씩 하나씩 원칙론으로 반격당해 깨졌다.

차츰차츰 내 자신이 범죄자처럼 생각되었다. 내 이익만 챙기자고 나쁜 짓을 한 것은 아무것도 없는데. 눈물이 나왔다. 그러나 손수건을 책상 위에 두고 와 버렸다. 눈물을 흘리고 있으니 과장이 손수건을 건넸다. 분홍 토끼가 그려져 있군. 아이 것인가…….

"죄송합니다. 세탁해서 돌려 드리겠습니다."

이렇게 말하고 꼬질꼬질한 얼굴을 손수건에 파묻었다.

"오카무라 씨는 다른 사원들이 많이 신뢰하여 의지한다고 들었습니다. 전임 과장도 의지하고 있었다고."

과장은 갑자기 어투를 바꿨다.

"그렇지 않습니다."

"어머니를 간병하고 있다고 들었습니다. 그런데 이 시간까지 업무라니. 몸 상해요."

엄마와 같은 말을 했다. 과장이 엄마와 겹쳐 보였다.

﹀ 스스로 바람직하다고 믿는 모습을 버린다

"오카무라 씨는 스스로가 어떤 모습이어야 바람직하다는 생각을 해 본 적이 있습니까?"

"네? 말씀하시는 의미를 잘 모르겠습니다. 바람직하다고 생각하는 모습 말입니까?"

눈물을 손수건으로 누르면서 물었다.

"네. 바람직하다고 믿는 모습 말입니다. 자신이 이렇게 하지 않으면 안 된다고 하는."

"이렇게 하지 않으면 안 되는……."

나는 이 말을 내 자신에게 대입시켜 생각했다.

"어려움에 처한 사람을 도와줘야 한다 같은 거 말입니까?"

"그것뿐인가요?"

"자기 일은 완벽하게, 실수가 있으면 안 되고."

"그리고?"

"모두가 의지할 수 있는 사람이어야 하고."

과장은 지금까지 본 적이 없는 상냥한 얼굴이 되어 있었다.

"예전의 제 모습과 닮았네요. 오카무라 씨는 어제 점심시간을 넘기면서까지 나쓰미네 씨의 집계 업무를 도와준 것 같더라고요. 그 뒤에는 모치즈키 씨를 대신해서 회의에 참석했고."

어째서 알고 있는 거지? 나는 한 마디도 안 했는데.

"본인 업무가 많이 쌓여 있는데도 주변 사람을 도와주려는 태도는 좋게 평가하고 있습니다."

처음으로 들었다. 좋게 평가한다고…….

"고, 고맙습니다."

"그렇지만, 지금처럼 해서는 오카무라 씨 스스로가 힘들어지기만 할 겁니다."

그건 알고 있다고. 그럼 동료들이 힘들다며 도와 달라는데 내 버려두고 내 할 일만 해야 한다는 건가? 과장은 내가 이런 생각을 하고 있는 것을 알고 있는 것처럼 말했다.

"동료를 도와주지 말라는 뜻이 아니에요. 오카무라 씨가 꿈꾸고 있는 자신의 바람직한 모습을 때로는 버리지 않으면 힘들어진다고 말하는 겁니다."

"어떻게……어떻게 버릴 수 있습니까? 스스로가 바람직하다고 믿는 모습을 버린다니."

"제 경우에는 완벽하지 않아도 좋고, 동료를 도와주지 못할 수도 있다고 생각하고, 모두에게 구세주인 양 보이려고 하는 모습을 버렸습니다."

"자신은 이렇게 하지 않으면 안 된다는 모습을 버릴 수 있다는 겁니까?"

"저도 예전에는 '실수는 용납할 수 없어.' '성과를 올리지 않으면 안 돼.' '부하의 신뢰를 얻어야 해.'라며 마치 TV에 나올 법한 이상적인 여성 관리직을 자아상으로 설정하고 있었습니다. 그러나 그런 자아상에 시달리고 있다는 것을 깨달았습니다."

"……."

"첫차로 출근해서 막차로 귀가하면서도 다른 직원들이 눈치채지 못하게 모두가 출근하는 아침시간에 일단 사무실을 빠져나갔다가 다시 출근하는 것처럼 한 적도 있었습니다. 시간 내에 성과를 올리는 자아상을 위해서요."

"지금과는 다르네요."

나는 무심코 본심을 말해버렸다.

"네, 중요한 것을 잃고 처음으로 깨달았습니다."

과장은 마치 친구 같은 미소, 그러나 약간 씁쓸한 미소로 답했다. 중요한 것? 그게 무엇일까 생각하는데 과장이 말을 이었다. "스스로 바람직하다고 생각하는 모습은 갖고 있어야 한다고 생각합니다. 그러나 자신을 힘들게 하는 자아상은 버리는 게 어때요? 함께 자아상을 바꿔보지 않겠습니까? 편해질 겁니다."

나는 얼마 동안 대답을 할 수 없었다.

선택과
집중의
기술 7

자신과 타인이 기대하는
자아상의 합치점을 찾는다

상사나 회사가 당신에게 무엇을 요구하고 있는가

'스스로 되고 싶었던 모습이 되어 있는가?'라고 생각할 때가 있습니다. 거리에서 신입사원과 등교하는 초등학생을 볼 때 제가 그들 나이였을 때 스스로를 어떻게 여기고 있었을까 생각합니다.

인바스켓에서는 '당사자 의식'이라는 것을 평가합니다. 이것은 본인에게 어떤 역할이 요구되고 있는지 알아차리는 능력입니다. 예를 들어 회사의 일원으로서 어떤 것을 기대하고 있는지, 상사가 어떤 역할을 요구하고 있는지 알아채는 능력입니다.

잠시 생각해 봅시다. 여러분은 상사나 회사가 무엇을 요구하고 있는지 명확하게 답변할 수 있습니까? 연수에서 동일한 질문을 수강자들에게 하면, 많은 사람들이 자신에게 요구하는 것을 잘 알고 있다고 말합니다.

그러나 수강자들의 상사에게 물어보면, 요구되는 역할을 인식하지 못하고 있다는 목소리가 압도적입니다. 요구되고 있는 것을 파악하고 있는 사람이 적다는 뜻이지요.

이 간극은 어디서 생겨나는 걸까요? 본인이 생각하는 자아상과 상사가 요구하는 상이 다르기 때문입니다.

ㄴ '이래야 한다는 것'에 시달릴 때

우리는 스스로에 대해 이상적 자아상을 갖고 있습니다. 그것은 대단한 것입니다. 이상적 자아상을 갖고 있으면 서서히 그 이상에 실제 모습이 가까워집니다.

저도 '회사 경영자가 되고 싶다'는 이상을 갖고 있었습니다. 그래서 지금 그 이상대로 회사를 운영하고 있습니다. 몇 년 전에 제 강의를 들었던 수강자는 자신도 강사가 되어 사람들에게 도움이 되고 싶다고 말했습니다. 그 분은 지금 독립하여 강사가 되었습니다. 그것 역시 이상적 자아상 덕분입니다.

반면 스스로 만들어낸 바람직한 자아상에 시달리던 때가 있었습니다. 예를 들어 인바스켓 사고의 저자로서 언제나 냉정하게 틀림없는 판단을 해야만 하는 자아상도 있고, 독자들에게 매번 참신한 놀라움이나 깨달음을 전해 줘야 하는 자아상도 있습니다.

완벽한 자아상에 가까워지는 것은 좋지만 반드시 완벽한 자아상이 될 수 없다는 마음가짐도 필요합니다. 그래야 자아상을 버릴 수 있습니다. '완벽한 상사가 되지 않으면 안 된다.'고 생각하는 사람은 만점짜리 자아상을 버리고 커트라인에 맞춘 자아상을 만드는 것이 좋을 듯합니다.

자기 역량 이상의 자아상을 만들면 그것이 '소망 자아상'이 됩니다. 소망 자아상은 필요 이상의 시간과 힘을 낭비해 결국 스스로를 힘들게 합니다. 어째서 본인이 생각하는 자아상의 모습이 될 수 없을까 하는 생각에 괴롭습니다. 그러니 소망 이상상(理想像)을 버립시다.

대신 '필요 자아상'에 주력합니다. 필요 자아상이란, 주위에서 바라는 자아상을 토대로 만든 자아상입니다. 우리의 자아상은 의외로 주위에서 바라는 자아상 또는 객관적으로 본 자아상과 많이 다릅니다.

주위에서 바라는 자신을 똑바로 아는 법

예전에 직장에서 휘파람을 부는 부하 직원이 있었습니다. 주변의 불평이 커져서 면담을 했습니다. "왜 휘파람을 불기 시작했나?"라고 물었더니, 어떤 영화에서 배우가 일이 잘 풀렸을 때 휘파람을 부는 모습을 보고 멋있어서 휘파람을 불기 시작했다고 합니다. 그래서 본인이 휘파람을 부는 것 때문에 주위 사람들이 거북해한다는 것을 몰랐다는 겁니다.

이런 것이 그에게만 적용되는 것일까요? 사장으로서 저에게도 제 나름의 사장상(社長像)이 있습니다. 그러나 그것은 제 스스로 잘 생각해서 만들어낸 것이 아니라, '이런 사람이 되면 좋겠네.' 하고 다른 누군가를 이미지화한 것입니다. 그러므로 제 자신은 보스처럼 묵직하게 꾸며진 사장상을 갖고 있어도 주위에서 봤을 때 소탈하고 민주적으로 대응하는 사장이 제 이미지라면 간극이 생깁니다.

사람에게는 개성이 있으므로, 누군가의 복제물은 될 수 없습니다. 여러분 각각은 이 세상에 한 명밖에 없습니다.

	자신은 안다	자신은 모른다
타인은 안다	**열린 창** 자신도 타인도 아는 나	**보이지 않는 창** 타인은 알지만 자신은 모르는 나
타인은 모른다	**숨겨진 창** 자신은 알지만 타인은 모르는 나	**미지의 창** 자신도 타인도 모르는 나

* '조해리'는 고안자인 조 루프트(Joe Luft)와 해리 잉햄(Hary Ingham)의 이름을 결합한 것이다. 일명 '마음의 4가지 창'이라고도 하며, 대인인지 훈련과 대인관계능력 강화 연수에 활용되고 있다.

'조해리의 창'이라는 말을 들어 본 적이 있습니까? 자신과 타인을 세로축과 가로축으로 나눠, 보이는 부분과 보이지 않는 부분을 표시한 것입니다. 도표를 보면 자신만 아는 부분은 생각보다 적고, 타인만 아는 부분도 꽤 크다는 것을 알 수 있습니다.

조해리의 창을 이 책에 적용시켜 보면, 자신만이 알고 있는 영역을 넓히기 위해 본인이 생각하고 있는 것을 주위 사람들과 상담하거나, 거꾸로 상대방이 바라는 것이 무엇인지 들으면 주위에서 바라는 자신을 바르게 알 수 있다는 것입니다. 그러기 위해서는 용기를 내어 피드백을 받는 것이 필요합니다. 그러면 소망 자아상을 없앨 수 있습니다.

⩗ 새로운 자아상을 만들자

소망 자아상을 버리면 여러분의 진정한 모습이 보일 것입니다. 무엇을 향해, 무엇을 기뻐하며, 무엇을 위해 살아가려고 하는가? 다시 한 번 자아상을 만들 기회가 생깁니다. 그러면 끝없이 계속되는 사막을 향해 가는 당신에게, 물이 흐르는 오아시스로 방향을 바꿀 수 있는 계기가 찾아오는 거죠.

　지금 여러분이 생각하고 있는 자아상은 여러분의 진짜 모습 중 일부만을 포착한 것입니다. '어떤 사람이 되리라.'라는 마음을 버리면 자신의 독창적인 자아상을 만들 수 있습니다. 참된 자아상을 얻으려면 지금 생각하고 있는 자아상을 버릴 용기가 필요합니다. 그러면 끌어안고 있는 일을 버리는 것도 가능합니다.

버리기 팁

이번 주 가장 많은 시간을 함께한 세 사람에게
'자신'에 대한 인터뷰를 한다.

타인이 바라보는 자신을 알아 보고,
그 다음 자기 자신에 대해 한 번 더 생각해 본다.

버려서 얻는 것

타인이 기대하는 자신과 본인이 되고 싶어 하는
자신의 합치점을 찾아내면 진정한 자신이 될 수 있다.

8장

입장을 버리자

"입장에 얽매이면
잘못된 판단을 하기 쉽다"

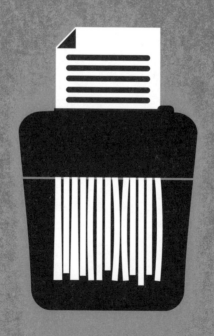

모치즈키
이야기

ᴗ 오카무라 씨의 변화에 깜짝 놀랐어

주임인 모치즈키입니다.

얼마 전에 오카무라 씨의 서비스 잔업 문제로 저 역시 과장한 테 호되게 주의를 들었습니다. 규칙 위반을 보고도 못 본 척한 것은 주임으로서 확실히 자격 미달이라고 생각합니다.

그때부터 어떤 바람이 불었는지, 오카무라 씨가 정시 퇴근을 하게 되었습니다. 더 놀라운 것은 정시 퇴근을 하지 못할 때는 잔업 신청서를 올리기 시작했다는 겁니다. 왜 놀라운가 하면, 오카무라 씨는 지금까지 잔업 신청서를 올린 적이 한 번도 없었습니다. 그것은 일을 못 하는 사람이나 올리는 것이라며 본인 나름의 설을 풀었지요. 이제 잔업신청서 작성법을 저에게 물어 올 정도입니다. '일하는 방식이 바뀌었다는 것이 이런 것인가.' 라는 생각을 했습니다.

과장이 오카무라 씨에게 어떤 얘기를 한 것일까요?

↳ 더 이상 계속하는 것은 무리입니다

점심시간도 끝났고, 좀 이르지만 공장에 돌아갈까 생각해서 차를 몰아 신호를 기다리고 있었다. 어라, 나쓰미네 씨……오, 야기 씨 아닌가. 뭐야, 같이 점심 먹었나. 하지만 이렇게 회사에서 멀리 떨어진 커피숍이라니 희한하네.

나는 흥미진진해서 가게 앞에 차를 세웠다. 내려서 말을 걸려는 찰나…….

아, 잠깐만. 나쓰미네 씨 울고 있는 거 아냐. 뭔가 험악한 분위기네. 가보는 게 좋으려나. 그래도 개인적인 거고. 이건 못본 척하고 공장으로 돌아가자.

오후 1시, 나쓰미네 씨도 야기 씨도 변함없이 일을 하고 있었다.

뭐야, 내가 잘못 봤나. 아무 일 없이 잘 된 것 같네.

새 사물함 견적서를 복사하려고 자리에서 일어났을 때, 나쓰미네 씨가 뒤쫓아왔다.

"모치즈키 주임님, 잠깐 드릴 말씀이 있는데요."

으아. 설마 아까 커피숍에서 있었던 얘기인가…….

나는 바로 식당으로 나쓰미네 씨를 데려가 얘기를 들었다. 그녀의 말에 따르면, 자신이 전무의 딸이라는 배경으로 이 공장에서 계속 일할 수 있게 힘을 쓴 게 아니냐고 야기 씨가 얘기했다는 것이다. 평소에도 야기 씨가 걸핏하면 전무 딸이라는 소리를 입에 올려서 스트레스를 받고 있던 터라 말다툼이 벌어졌다고 한다.

"그래서 야기 씨의 말은 제가 원칙대로라면 이 회사에 들어올 수 없는 수준인데, 전무 딸이라 여기서 일을 할 수 있게 된 거라는 거예요. 확실히 제가 머리가 나쁘긴 하지만 제대로 전형을 통과했고, 적어도 연줄로 들어왔다고는 생각지 않습니다."

"물론, 그렇지."

"더 이상 전무의 딸이라는 얘기를 계속하면, 제가 여기서 계속 일하는 것도 더는 무리입니다."

"어, 무리라니……, 나쓰미네 씨. 그렇게까지 급하게 결론을 내지 않아도."

난감하네, 난감해. 나는 나쓰미네의 교육 담당이다. 작년에 입사했던 신입사원도 그만뒀고, 여기서 나쓰미네 씨가 그만두면 신입사원 교육 담당으로서 내 입장이 난처해진다.

"알겠어. 한번 야기 씨와 얘기해 볼게. 그때까지 당분간 내게 맡겨 주겠어?"

우선 그 자리를 수습했지만 야기 씨에게 어떻게 말해야 할지 걱정이 되었다. 그는 나보다 연상이다. 연하의 입장에서 엄격하게 말할 수 없어.

과장한테 대신 말해달라 할까? 아니, 그것도 무리다. 주임인 내가 이 일을 수습해야 한다.

우선, 당분간 그냥 두자. 시간이 해결해 줄 수도 있으니까.

↳ 입장을 버리고 얘기를 한다는 것

며칠 후에 과장이 호출했다. 나쓰미네 씨 얘기였다.

"모치즈키 씨, 어째서 방치했나? 그녀가 정말 그만둘지도 모른다고."

"엑, 과장님한테까지 말했습니까? 어째서."

"전혀 조치해 주지 않는다고 말했어."

어, 진짜로……. 그대로 진정됐다고 생각했는데.

"그랬습니까. 죄송합니다. 그래서 나쓰미네 씨가 퇴사한다고 했습니까?"

"잠시 생각하고 싶다고 말했어. 확실히 그녀의 기분은 알겠지만, 그런 걸로 일일이 그만두겠다고 하면 앞으로도 그런 얘기가 또 나오지 않겠어. 전무의 딸이라는 사실은 바뀌지 않으니까."

"그렇지만, 정말 그만둬 버리면 과장님의 입장이⋯⋯."

이렇게 말하자 과장이 머리를 저었다.

"과장의 입장에서라기보다 같이 일하는 여성이라는 입장에서 하는 조언이야."

"그렇습니까? 야기 씨와도 얘기를 하셨습니까?"

"그건 이제부터. 자네가 말해 주겠어?"

"네, 아니, 네. 알겠습니다."

과장은 내 얼굴색이 바뀌는 것을 보고 물었다.

"무슨 문제가 있나?"

뭐, 어떻게든 야기 씨에게 말했다면 좋았을 텐데. 내가 연하인데다 그에게 항상 도움을 받고 있는 입장이고⋯⋯.

"제가 야기 씨에게 엄하게 말하기 어⋯⋯렵습니다. 솔직히 저보다 연상이고, 법무 컴플라이언스 전문가인데다⋯⋯."

"그럼, 방치해 둘 텐가?"

"아니, 이번 건이 상당히 심각하다는 것은 알고 있습니다. 동료의 기분을 생각해 달라고 말할 수밖에 없습니다."

"그럼 말하면 되잖아."

"그렇습니다만⋯⋯, 역시 제가 연하⋯⋯."

과장은 진지하게 나를 보고 말했다.

"입장을 버리고 야기 씨와 얘기를 해 보면 어떨까. 그 편이 상대방에게 제대로 전달될지 모르니까."

"입장을 버리……라고요?"

"응, 입장을 버린 모치즈키 씨의 생각은 틀림없이 이치에 맞을 테니까."

입장을 버린다……. 결국 내가 입장에 휘둘려 큰일을 간과하여 놓치고 있다는 건가?

선택과
집중의
기술 8

한 인간의 입장에서 생각한다

⩗ 입장이 정상적인 판단을 방해한다

사람에게는 입장이 있습니다. 예를 들면 관리직의 입장, 회사의 입장, 부서의 입장, 개인적으로는 부모의 입장이나 마을자치위원회 관리직의 입장 등이 있겠지요. 헤아려 보면 실제로 많은 입장이 있습니다.

자신의 입장을 생각하는 것을 인바스켓에서는 '당사자 의식'이라고 평가합니다. 앞에서도 거론했지만, 당사자 의식은 자신의 역할을 인식하고 주체적으로 판단해 나가는 의식입니다.

사실 이 의식은 어느 정도 발휘돼야 하는 반면, 지나치게 발휘되면 앞에서 기술한 오카무라 씨처럼 스스로 업무를 떠안아 버리기도 하고, 모치즈키 주임처럼 결정 시기를 놓쳐 버려 잘못된 결정을 해 버리게 됩니다. 조직력을 활용하거나 업무를 맡기는 것을 방해하기도 합니다.

입장이 없는 상태, 즉 객관적 입장에 서면 정상적으로 판단할 수 있습니다. 하지만 입장에 얽매이면 잘못된 판단을 해 버리는 수가 생깁니다. 일례로, 대기업이 식품 위조나 불량품 사건이 발생했을 때 잘못된 대응을 해서 문제가 확대되는 경우를 종종 봅니다. 원래대로라면 고객의 안전을 제일로 생각하여 판단해야 할 사람이 자신의 입장을 지키려고 회사, 아니 부서의 입장을 우선시해 잘못된 결정을 해 버린 겁니다.

이것을 '소망 입장'이라고 합니다. 입장을 지키려는 생각입니다. 이런 결정을 하지 않으면 안 된다는 생각은 그 입장에서 보면 틀리지 않지만, 그런 생각이 너무 강하면 자신의 입장을 최우선시하는 사고에 치우칩니다. 입장을 지키는 사고입니다.

✔ 비싼 상품을 추천할까, 부담 없는 상품을 권할까

저는 슈퍼마켓 판매 매니저로 일하던 시절 이런 입장의 벽에 부닥친 경험이 있습니다. 손님이 어떤 상품이 좋으냐고 물어오는 경우였습니다.

물건을 파는 입장에서 매출을 올리고 싶고, 매니저로서 이익도 내고 싶었습니다. 손님에게 좀 더 비싸고 이익이 생기는 상품을 팔고 싶다는 입장이었습니다.

그러나 한편으로 손님에게 상품의 사용 용도나 구매 사유를 들어보니, 그렇게 비싼 물건일 필요는 없다는 생각이 들었습니다. 이럴 때는 어떻게 판단해야 할까요.

저는 판매자 입장을 우선해서 비싼 상품을 추천했습니다. 판매자 입장에서는 타당한 판단이었다고 생각합니다. 그러나 그 후 죄책감에 사로잡혔습니다. 객관적으로 봤을 때 비도덕적으로 느껴졌기 때문입니다.

그 이후 입장을 버리는 판단, 즉 쓸데없이 비싼 물건을 사려고 하는 손님에게는 필요없는 것은 아닌지 조언하기도 했습니다. 어느 것이 올바른 판단인지 모르겠지만 제 생각이 가장 정확하다고 믿고 있습니다. 지금 회사에서도 인터넷으로 인바스켓 교재를 구입하려고 하는 고객에게, 사용하지 않을 것 같다고 판단되면 주문 취소를 제안하고 있습니다.

물론 입장을 버리고 판단해도 틀린 판단을 할 수 있습니다. 그러므로 입장에 얽매인 판단과 입장을 버리는 판단의 비율을 생각해 두었으면 합니다. 당시의 입장만 우선시하여 생각할 경우에는 입장을 버리고 생각할 용기를 가졌으면 합니다.

↳ 입장이 없으면 어떤 행동을 취할까

그러면 정말 필요한 입장은 무엇일까요? 그것은 한 인간으로서 생각하는 겁니다. 입장을 버리면 한 인간으로서의 생각이 생깁니다. '뭐가 중요한가? 지금의 판단은 자신의 생각과 어떻게 다른가? 입장이 없으면 어떤 행동을 취할까?'를 생각합니다. 그것이 여러분이 가장 중요시해야 할 입장입니다.

필요 입장에 좀 더 생각의 무게를 뒀을 때 벌어지는 일. 그것은 여러분 자신이 홀가분하게 되는 것입니다. 부하 직원을 감독하는 관리직도, 자신만만하게 보이는 선배도, 무서운 것은 무섭고 모르는 것은 모르지 않겠습니까.

입장의 벽에 막혀 운신하지 못하게 되었다면 입장을 버리면 되니, 때로는 역할을 일단 내려놓고 사람에게 기대는 것도 필요하고 실패를 인정하는 것도 중요합니다.

입장을 버리면 처음으로 상대방의 입장이 될 수 있습니다. 특히 이해관계가 대립되는 입장에 있으면, 본인 입장에서만 매사를 생각하게 됩니다. 입장을 버리면 상대방의 입장에 설 수 있게 되고, 타협점이나 새로운 제안이 생깁니다.

입장을 버리면 지금까지 해결 안 된 문제를 해결할 수 있습니다. 판단을 잘못하는 일이 크게 줄어 듭니다. 입장을 지키는 생각이 아니라, 객관적이고 주체적인 입장에 서는 것에 집중합시다.

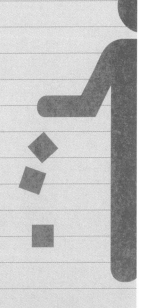

버리기
팁

■

판단할 때는 어떤 입장으로 하는 판단과 개인으로 하는
판단을 비교한다.

버려서
얻는 것

■

나중에 후회하지 않는다.

■

상대방의 입장을 생각할 수 있다.

9장

받은 것을 버리자

"물건은 버려도 마음을 받으면 관계가 돈독해진다"

나쓰미네
이야기

⋁ 마음만 받아 둘게

나쓰미네입니다.

한때 퇴사하려고 마음먹었는데, 과장과 말하다 보니 스스로에게 지기 싫어서 좀 더 노력해 보기로 마음을 바꿨습니다. 아버지 덕에 다닌다고 주변에서 쑤군덕거리는 것은 싫지만, 그런 폄훼에 지는 제 자신도 싫었습니다. 야기 씨도 과장에게 지도를 받은 후로는 그런 말을 하지 않습니다.

시간은 오후 두 시, 졸린 시간이다.

'아, 모치즈키 주임님이 출장에서 돌아왔네. 무슨 연수라고 했는데, 슬슬 출세하는 건가. 좀 미덥지 않은 구석은 있지만, 오빠 같아서 주임님이 없으면 싫어.' 이런 생각을 하고 있으니 기운이 빠지는 느낌이다.

모치즈키 주임이 선물을 사 왔다. 뭘까, 두근두근. 야기 씨가 여는 상자를 엿봤다. 우와, 온천만주인가. 난 지금 다이어트 중이라고. 별로 맛있어 보이지도 않고. 아, 나한테는 2개? 정말? 일단 미소로 감사 인사를 한다.

"고맙습니다. 와, 맛있어 보여요."

아무리 봐도 퍼석퍼석하니 어디서나 파는 만주 같지만…….

"아, 그러면 한 개 더, 자."

그러면서 툭, 하얀 종이로 포장된 만주를 내 책상 위에 두고 갔다. 우와왓, 하나 더 늘었다. 나는 만주 세 개를 노려 봤다. 이거 어쩌지. 억지로 먹을까……. 기껏 애써서 어제는 딸기 쇼트케이크까지 참았는데.

모치즈키 주임이 과장 자리로 갔다.

"과장님, 이거 기념 선물로 사 온 것입니다. 잡숴 보세요."

"아, 만주네. 그런데 나는 사실 식사제한을 하고 있어. 마음만 받아 둘게."

나는 어안이 벙벙했다. 모처럼 선물한 것을 거절하다니. 모치즈키 주임이 불쌍했다. 목을 길게 빼서 두 자리 떨어져 있는 과장 자리를 지켜봤다. 그러나 모치즈키 주임은 약간 놀라는 듯하면서도 의외로 선선히 말했다.

"알겠습니다. 다이어트 중이십니까? 그럼 탕비실에 둘 테니, 드시고 싶을 때 드세요."

"고마워."

모치즈키 주임이 손에 들고 있던 만주를 상자에 도로 넣고 탕비실로 사라졌다.

그 광경을 보면서 생각했습니다. 나도 과장처럼 대답했으면 좋았을 텐데. 근데 과장은 어째서 그렇게 간단하게 거절할 수 있는 거지? 거절당한 모치즈키 주임도 기분 상한 것 같지 않고…….

그런 생각을 하며 책상 위를 보니 온천 마크가 붙은 만주 세 개가 저를 빤히 쳐다보고 있었습니다.

정말 받아야 하는 것은
생각해 주는 마음이다

⩗ 버리는 건 옳지 않아, 버렸다는 걸 상대가 알면 곤란해

일전에 해외에서 손님이 오셨습니다. 희귀한 홍차를 선물로 주셨습니다. 어쩐지 귀한 홍차 같았습니다.

고맙게 받았지만, 사실 저는 홍차를 잘 마시지 않습니다. 홍차를 끓일 도구도 갖고 있지 않습니다. 어찌 할까 생각했습니다. 그때 내린 결론은 타인에게 양도한다는 것이었습니다. 말은 그래도, 받은 것을 버리는 것 같은 기분이 들어 약간 죄책감도 들었습니다.

그러나 생각을 바꾸면, 무리하게 도구를 갖추어 좋아하지도 않는 홍차를 마신다 해도 상대방 역시 기뻐하지 않을 것이고, 저역시 도구를 구비할 시간이나 비용 등 잃는 것이 많아집니다.

언젠가 마셔야지, 하는 생각으로 보관해도 틀림없이 마시지 않을 거고, 그러는 사이에 결국 유통기한이 지날 것이라는 이유를 들어 처분했습니다. 결국 버리게 될 테니까요.

'소망 선물'인 겁니다. 소망 선물은 '혹시 버린 것을 알게 되면 나에 대해 나쁘게 생각할거야.'라는 망상과 '우선은 받아둬야지.'라는 생각에서 생겨납니다.

받은 물건에 대한 답례도 하지 않으면 안 된다는 의무감이나 답례하지 않으면 어떻게 생각할까 하는 두려움 때문에 의식처럼 하는 사람도 있습니다.

그러나 그런 형식보다 근본적으로 좀 더 중시해야 하는 것이 있지 않을까요?

ㄴ 소망 선물을 필요 선물로 바꾸는 요령

이렇게 생각하면 안 될까요?

"무엇을 받아야 하는가?"

받았을 때의 기분이라든가 애정, 상대방의 마음 씀씀이를 받으면 안 될까요?

저는 출판사 사람과 알고 지내기 때문에 책을 자주 받습니다.

전부 읽을 리가 만무하지만, 받은 책에서 여러 가지를 깨닫고 어떤 책이 인기가 있는지 등 정보를 얻습니다. 때로는 지금까지 제가 선택하지 않았던 장르의 책이 큰 깨달음을 주는 경우도 있었습니다. 그렇다고 그런 책들을 애지중지하냐 하면, 읽고 나서 처분하는 것도 많습니다.

받은 물건 자체에 감사하기보다는 준 사람의 마음이나 얻은 것을 감사히 받아 두면 좋지 않을까요? 사실 우리가 받는 것은 선물만이 아닙니다. 예를 들어 선배가 가르쳐 준 업무 진행 방식, 친구가 가르쳐 준 맛집 정보, 부모님으로부터 배운 사고방식 등 많은 것을 주위에서 받고 있습니다. 이것들도 때로는 버리는 용기가 필요합니다. 버림으로써 원래 해야 할 것에 힘을 쏟고, 또 상대방의 마음에 어떻게 보답할지에 주력할 수 있다면 소망 선물은 '필요 선물'로 바뀔 수 있습니다.

필요 선물은 여러분을 생각하는 '마음'이고, 그 마음을 전달하는 수단 중 하나가 눈에 보이는 선물입니다. 그러므로 필요도 없는 선물을 버리지 못하고 보관하는 것 대신 상대방에게 직접 연락을 취해 그 '마음'에 감사를 표현하기를 권합니다.

받은 물건을 버리면 안 된다고 생각하는 것은 자기를 생각해 주는 상대방의 마음에 감사하기 때문입니다. 그것을 중요하게 여기면 됩니다. 그 마음에 어떻게 마주할지, 그것에 집중했으면 합니다. 그러면 상대의 입장에 서서 생각할 수 있습니다.

답례의 방법은 물질적인 것 말고도 많습니다. 직접 쓴 손글씨 편지도 좋고, 말 한 마디도 좋겠지요. 상대방을 지원해도 좋을 테고요. 상대의 입장에 서서 인간관계를 견고히 하는 것에 집중할 때 얻는 것도 생기는 법입니다.

∨ 버리지 않고 해결하는 작은 아이디어

그래도 받은 것을 버린다는 생각에 죄책감이 드는 사람이 있을 겁니다. 받는 것을 거절할 때 망설여지는 사람도 있겠죠.

이왕 받는 거라면 필요한 것을 받고 싶지요. 그게 가능한 방법 한 가지를 알려 드리겠습니다.

앞에 말했던 홍차 이야기에는 후속편이 있습니다. 그 분이 가까운 시일에 해외에서 다시 방문할 예정이었는데, 그땐 선물을 제가 먼저 의뢰했습니다. 평소 마시고 싶은 영국 맥주가 있었는데 이왕 받을 거면 제가 원하는 것에 대한 정보를 전달해 두는 게 좋겠다 싶었습니다.

즉 사전에 정보 제공을 하는 겁니다. 이것을 인바스켓에서는 '조정력'이라고 합니다. 물밑작업이라고 하면 이해하기 쉬울까요?

이 경우에도 정말로 받는 것은 물질적인 선물 그 자체가 아니라는 점을 잊지 않았으면 합니다.

버리기 팁

■

'자신이라면 돈을 내고 살 것인가?'를 생각하여 판단한다.

버려서 얻는 것

■

상대의 입장에서, 어떻게 무엇을 답례로 주면 좋을지 생각할 기회가 생긴다.

■

자신을 위해 정말 필요한 부분에 시간과 자금을 집중할 수 있다.

10장

실패를 버리자

"트라우마를
도전하는 용기로 바꾼다"

∪ 하려고 마음먹었던 것을 할 수 있다

야기입니다.

　과장이 부임하고 두 달이 지났습니다. 눈깜짝할 새입니다만, 제조부와 구매부 사람으로부터 총무과가 변했다는 얘기를 들었습니다. 정리정돈이며 업무방식, 그리고 업무처리 순서 등도 좋아졌다는 평가가 들려옵니다. 색안경을 끼고 보던 다카스기 과장에 대해서도 제대로 평가되고 있겠지요.

　사실 총무과뿐만 아니라 공장 전체 비용도 지난 달 오랜만에 예산을 넘지 않았습니다. '우선 총무과부터' 본보기로 실시한 시책을 다른 부서에도 확대하여 실시하고 있습니다.

특히 소모품비와 사무용품비는 2할 감소했습니다. 예를 들면 과장이 회의에서 종이 문서를 전산화하는 것을 다른 부서와 함께 추진했습니다. 렌탈하고 있던 복사기도 반으로 줄였습니다. 더군다나 목재가공용 공구도 지금까지는 1인당 1세트였으나 공동으로 사용하게 했습니다.

기술자들을 설득하는 게 힘들었지만, 과장은 우리에게 했던 대로 의연하고도 논리적으로, 만약 그렇게 해서 효과가 없으면 원래대로 되돌린다는 조건을 붙여 추진했습니다.

그 결과, 숫자만 놓고 보면 2할이라고 하는 엄청난 비용 절감에도 품질 클레임은 그에 비례해서 늘지 않았습니다.

제 업무 방식도 크게 달라져 체크하고 집계하는 업무가 상당히 줄었고 그 대신 절감할 수 있는 비용을 분석하거나 기준을 작성하는 것 등을 할 수 있게 되었습니다. 예전부터 해야지 생각했던 것을 이제 할 수 있을 것 같습니다. 아직은 생각뿐이지만.

다카스기 과장한테서는 여러 차례 지도를 받았습니다. 나쓰미네 씨 건도 포함해서 말입니다.

이 공장은 지금 적자이므로 이대로라면 인원 감축을 더 해야 합니다. 제조부문은 총무과 소속인 제가 봐도 더 이상 절감할 수 없을 것 같고, 그렇게 되면 우리 총무과 같은 관리부서에서 절감해야 한다는 결론에 이릅니다. 총무과에서 누군가를 감원해야 한다면 누가 대상일까요? 오카무라 씨는 회사의 살아 있는 전설이고, 모치즈키 씨는 공장장의 총애를 받고 있고, 나쓰미네 씨는 전무 딸이고……, 그렇게 생각하면 저 아닙니까!

정말이지 저는 본사로 돌아가고 싶지 않습니다. 무슨 일이 있어도 이곳에 있고 싶습니다. 과장에게는 이 심정을 몇 번이나 호소했습니다. 그럼에도 불구하고 과장은 성격상 정상참작의 여지도 없을 것 같습니다.

최근 과장에게 호출될 때마다 인사이동이 아닐까 두근두근합니다.

나쓰미네 씨가 밝은 목소리로 말을 걸어왔다.

"야기 씨, 과장님이 부르세요."

"아, 네, 어디입니까?"

"면담실입니다."

아, 마침내 왔다. 설마 별실에서 사전 인사이동이 내정되었다는 것을 알려주려는 걸까?

☟ 실패할지 모르니 하고 싶지 않다

나는 침을 삼키며 공책을 들고 발걸음 무겁게 면담실로 향했다.

과장은 종이 한 장을 손에 쥐고 기다리고 있었다. 역시 인사이동 건인가. 머릿속이 빙글빙글 도는 것을 느끼며 의자에 앉았다.

과장이 진지한 얼굴로 종이를 쑥 내밀었다.

응? 으응? 으으응?

"오사토 초등학교 회사 견학…… 건입니까, 이거?"

이것은 매년 해 온 지역 초등학교의 공장 견학이다.

"이 건, 당일 안내를 야기 씨에게 부탁하고 싶은데. 잘 부탁해."

상냥한 과장의 얼굴. 그러나 그건 곤란하다고. 나는 아이들을 상대하는 게 많이 서툰 데다 이 일은 원래 모치즈키 씨 일이잖아.

"과장님. 유감입니다만, 이 건은 못하겠습니다. 일상 업무도 있고, 관례대로 모치즈키 씨에게 맡기는 편이 좋지 않겠습니까?"

내가 주저없이 말하자, 뜻밖에 과장의 얼굴이 어두워지며 말했다.

"당일 모치즈키 씨는 본사로 출장이야. 그래서 이번만 야기 씨에게 부탁하는 거야."

"아니, 모처럼 기회입니다만, 저는 이런 일에 서툴러서요. 나쓰미네 씨는 어떻습니까?"

"……그래. 알겠어. 그럼 어째서 서툰지 가르쳐 주겠어?"

167

"어째서 서투르냐 하면…… 그건."

사실 2년 전까지 초등학교의 회사 견학 대응은 내 업무였다. 그런데 재작년 큰 낭패를 봤다.

한 초등학생이 내가 어떤 탤런트와 닮았다고 떠들어대길래, 호되게 야단쳐서 그 아이를 울려 버렸다. 다른 아이들도 나를 무서워해 그 뒤로 견학이 제대로 진행되지 않아 행사를 크게 망쳤다. 그래서 두 번 다시는 초등학생을 상대하고 싶지 않았다.

지난 이야기를 솔직하게 과장에게 털어놨다.

"즉 '실패할지도 모르니 하고 싶지 않다'는 건가?"

나는 고개를 끄덕일 수밖에 없었다.

"그래. 그래도 이번에는 잘 되지 않을까. 실패했다고 피하면, 계속 실패했다는 경험만 갖게 된다고."

"실패할 확률이 높으니 하고 싶지 않은 겁니다."

"실패한 경험을 버릴 수는 없나?"

실패한 경험을 버린다고? 그게 가능합니까!

실패를 뛰어넘는 데 집중한다

↘ 두려움과 후회가 발목을 잡는다

실패를 하면 표면적으로 회복된 듯 보여도, 당사자의 마음속에는 깊이 남게 됩니다.

저도 예전에 해외 공항에서 비행기 탑승 시간에 늦어 낭패를 본 적이 있습니다. 다른 비행기 편으로 목적지에 도착했지만, 지금도 공항에서 허둥대며 수선 떨던 제 모습이 눈에 선합니다.

그 이후부터는 공항에 갈 때 그때의 트라우마 때문인지 필요 이상으로 일찍 가게 됩니다. 두 번 다시 같은 실수를 저지르고 싶지 않은 마음에 그런 거겠죠. '정말 두 번 다시 낭패를 경험하고 싶지 않고, 그런 상황에 처하고 싶지도 않다.'고 통감했습니다.

실패는 다음에 같은 실패를 하지 않기 위해 있는 겁니다. 그러므로 실패한 원인을 찾아 자신의 행동을 바꾸는 것이 중요합니다. 그러나 그 실패가 트라우마가 되어 새로운 길로 나아갈 수 없게 한다면 성공을 저해하는 요인이 됩니다.

'어째서 실패했을까?' 후회하고, 앞을 보지 못하거나 실패한 일에 대해 두려움을 갖게 되면 결국 정상적으로 판단할 수 있는 것도 못하게 됩니다. 이것을 '소망 실패'라고 합니다. 실패하고 싶지 않다는 생각에 얽매인 실패입니다. 실패로부터 멀어지고 싶은, 자신을 보호하려고 하는 실패입니다.

인바스켓 강의를 할 때 질의 응답이나 수강생의 행동에서 이런 경우를 자주 봤습니다. 예를 들어 우선순위를 설정할 때, 다른 멤버가 의아하게 생각할 만한 안건을 최우선 순위로 선택하는 사람이 있습니다. 그 사람의 가치관에서 기인한 것이지만, 과거의 실패 즉 트라우마 때문에 우선순위 설정에 문제가 생기는 경우입니다.

이런 사람이 있었습니다. 신입사원 시절에 20장을 복사해야 되는데 복사기를 잘못 눌러 2천 장을 복사해 버려 상사에게 질책당했던 수강생은 필요 이상으로 복사기 설정이나 확인 작업을 우선시합니다. 간부가 된 지금도 복사기에는 과민 반응을 보입니다. 본인이 복사를 할 때는 상당한 시간이 걸려도 그 자리를 뜨려고 하지 않습니다. 복사기 앞에서 심각하게 10분씩 서 있는 간부를 떠올려 보세요. 직위에 맞지 않는 일을 하는 사람으로 보일 게 뻔합니다.

실패에 지나치게 끌려가면 오히려 성과가 오르지 않고, 다른 실패를 범할 가능성이 있습니다. 실패를 두려워하는 데 힘을 낭비할 것이 아니라, 실패를 뛰어넘는 데 주력해야 합니다. 이것이 '필요 실패'입니다.

Ⅴ 실패를 밑거름으로 삼는 법

실패한 경험을 떨쳐 버릴 용기를 갖게 되면, 새로운 시간과 힘, 그리고 무엇보다 새로운 것에 도전할 용기가 생깁니다. 실패를 극복하면 성공의 밑거름이 됩니다.

저희 회사에서는 매일 아침 1분 스피치를 합니다. 이것은 자발적으로 시작되었는데 사람들 앞에서 얘기하는 것이 서툰 사원들이 발표 연습의 장으로 마련한 것입니다. 듣고 있으면 차츰차츰 발표가 향상되는 것이 느껴집니다.

어떻게 하면 다음에는 실패를 하지 않을지 몇 차례 시도를 해보면 스스로에게 힘이 될 겁니다.

한 번 거절당한 사람에게 같은 방법으로 접근하는 것이 아니라, 다르게 접근하여 적어도 세 번은 반복해 보고, 그래도 안 되면 포기해도 좋습니다.

지금 쏟는 여러 가지 노력이 앞으로 발생할 수 있는 이런저런 일들을 극복할 수 있도록 선택지를 넓혀줄 겁니다.

■

실패할 때마다 행동을 하나씩 바꾼다.

■

바뀐 행동을 계속하면서 과거의 실패를 잊는다.

■

실패에 대한 두려움을 버리면, 실패를 극복하려는
도전정신이 생긴다.

11장

군살 붙은 기획을 버리자

"콘셉트와 상관있는 아이디어인가?"

⌐ 번거로워도 성공시키고 싶어

나쓰미네입니다.

오사토 초등학교의 회사 견학일이 가까워졌습니다. 어찌어찌
해서 야기 씨가 당일 안내를 맡게 되었다고 합니다. 그것만은
싫다고 하더니, 혹시 과장에게 하지 않으면 인사이동 당할 거라
는 얘기를 들었을지도 모르겠다는 생각이 듭니다.

당일 초등학생들을 인솔하여 진행하는 사람은 야기 씨지만,
이전에 진행 순서와 행사 준비 협의는 제가 담당하게 되었습니
다. 지금까지 오카무라 씨 업무였지만, 과장이 이번부터 저에게

맡겼습니다. 오카무라 씨도 그토록 자신의 일이라고 하더니, 결국 선선히 업무인계를 해 주었습니다.

우리 부서에 과장이 부임하고 가장 크게 달라진 사람이 오카무라 씨일지도 모르겠습니다.

그건 그렇고 오카무라 씨에게서 인솔 행사 내용을 들으니, 솔직히 번거로운 일이었다. 인솔 준비를 하려면 회의를 소집하여 프로그램별 프로젝트 책임자를 결정하고, 인솔 대상자 수와 일정, 행사 진행 직원들의 역할 분담 등을 짜야 한다. 아이들에게 오해를 살 만한 언행을 하지 않도록 담당 직원을 교육하고, 사진 촬영 장소를 사전에 협의하는 것 등 체크 항목만 60가지 이상이다.

그러나 나는 이 일이 좋다. 이런 견학으로 아이들의 직업관이 바뀔 수도 있고, 혹시 우리 회사에 입사하고 싶어하는 아이가 있을지도 모른다. 그렇게 생각하니 행사를 반드시 성공적으로 치르고 싶다. 아이들이 우리 회사에 더 많은 흥미를 가질 수 있게 기획안을 만들고 싶다.

더 잘 해내기 위해 총무과 내부적으로 기획회의를 열었다. 멤버는 나, 모치즈키 주임, 오카무라 씨와 야기 씨. 과장은 다른 회의 때문에 나중에 참석하기로 했다.

⌐√ 그거 좋네, 그것도 흥미롭네

"그럼 메인은 현장 실습이네요. 그 외에 초등학생의 흥미를 끌 만한 게 뭐가 있을까?"

주임이 공책을 펼치며 말했다.

"작년 행사 진행 후 있었던 평가회의에서 회사의 활동 내용을 충분히 알리지 못했다는 의견이 있었습니다."

야기 씨가 파일을 보며 말했다.

"잠깐, 괜찮을까? 그거라면 마침 회사에서 성희롱 예방 교육을 진행하고 있잖아. 그것을 학생들에게 설명하면 좋지 않을까."

오카무라 씨가 눈을 반짝였다.

"아, 그거 재밌겠네요. 역시 선배예요."

내가 오카무라 씨를 조금 추켜세우니, 야기 씨도 질 수 없다는 듯 말했다.

"그러면 사내교육용 비디오를 상영하면 어떨까요? 본사에 허가를 받으면 사용할 수 있어요."

"으음, 그 비디오 말야? 학생들에게는 과하지 않으려나."

주임이 볼펜 스위치를 똑딱이며 흑색심과 적색심을 번갈아 넣었다 뺐다 하며 말했다.

갑자기 생각이 떠올랐다.

"그래, 자, 연극을 하면 어때요? 꽁트같이. 성희롱을 알기 쉽게 전달하도록."

"오, 그거 좋네. 역시 나쓰미네 씨, 아이디어 뱅크라니까."

"그럼 제가 시나리오를 쓸까요? 사실 고등학교 때 소설가를 꿈꿨었거든요."

야기 씨가 자진하여 나섰지만, 정말 시나리오를 쓸 수는 있을까요?

⩗ 어디에 집중해야 하는가

고개를 끄덕이고 있던 오카무라 씨도 뭔가 생각이 난 듯 목소리를 높였다.

"아~그래? 자, 하는 김에 재난방지 훈련을 하는 것도 알려 주면 좋지 않을까. 학교에서도 재난방지 의식이 높아지고 있으니. 회사에서도 재난방지 훈련을 하는 걸 어필하면 좋지 않겠어?"

"그렇네요."

나는 일단 동조했지만, '그렇게까지 할 필요가 있을까?'라고 생각하면서 주임에게 시선을 던졌다.

"재난방지라…… 뭐, 약간만 강조 어구를 넣는다면 괜찮을 수도 있겠네요."

야기 씨는 당일 스케줄표를 꺼내서 다시 짜고 있었다.

"그러면 업무 체험 2시간을 90분으로, 그리고 성희롱 예방 교육을 60분, 재난방지 훈련을 30분, 하는 김에 총무과 업무는 주임님이 소개해 주시고."

"그 정도 이벤트가 있으면 매우 감동적이겠어요."

오카무라 씨도 의욕 넘치게 말했다.

4명이 행사 계획을 세우고 있을 때 과장이 돌아왔길래, 나는 과장에게 중간 진행 상황을 보고했다. 예상과 반대로 과장은 얼굴을 찌푸리고 의자에 앉더니 계획표를 보며 말했다.

"아이디어를 부정하는 것은 아니지만, 기획 콘셉트와는 상당히 동떨어져 있네."

"네? 콘셉트 말입니까?"

"이번 초등학교의 회사 견학 콘셉트가 뭐지?"

"초등학생이 회사 견학을 통해 일하는 의미를 알고, 그리고 일의 즐거움과 보람을 아는 것입니다."

"그럼 어째서 업무 체험 시간을 반으로 줄이고, 콘셉트와 상관없는 성희롱 예방 교육이나 총무과 업무 소개, 재난방지 훈련 등이 늘어난 거지?"

"어, 그게, 좀 더 많은 것을 알려 주는 게 학생들에게 유익할 것 같아서요."

"다시 원래 콘셉트로 되돌리면 어때? 원래 해야 할 것을 없애고, 사족만 늘린 것처럼 보여. 더욱이 '작년 회사 견학 때도 충분히 준비되지 않았다.'라고 평가서에 적혀 있었어. 그런데도 새로운 계획을 더 보태는 것은 무리가 있다고 생각하지 않나? 그런 힘이 있다면 본래 해야 할 부분에 집중하겠어."

과장의 말이 타당해서 우리 4명은 책상 위에 놓인 계획표를 응시할 뿐 아무런 말도 할 수 없었다.

과장은 "다시 검토하도록."이라는 말을 남기고 가 버렸다.

콘셉트에 맞게
발상한다

⩗ 좋아하던 바가 문을 닫다

여러분은 마음이 편안해지는 장소가 있습니까?

저는 앞에 언급했듯이 바를 좋아해서 편안하다고 느낍니다. 출장 갈 때도 그 지역의 바를 둘러보는 것을 좋아합니다. 그러나 바는 의외로 폐업하는 곳이 많습니다. 1부에서 자주 가던 가게가 문을 닫았다고 썼는데, 출장 중 마음에 들어 했던 가게 역시 유감스럽게도 폐업했습니다.

그 바는 원래 몰트 위스키(맥아와 엿기름만으로 양조한 위스키)를 메인 콘셉트로 하는 가게였습니다. 조용하고 옛스러우며 정겨운 느낌이 있는 가게였습니다.

그 가게가 변하기 시작한 것은 개업 후 1년 정도 되었을 무렵부터입니다. 가게에 스포츠 관람용 대형 TV 두 대가 설치되어 화면을 보면서 술을 마시게 되었습니다.

손님을 생각해서 설치한 것이려니 여겼습니다만, 차츰차츰 이벤트도 많아지고 그때마다 가게 영업시간도 바뀌고, 때로는 비정기적으로 휴점하기도 했습니다.

게다가 1인용 정식 같은 메뉴가 생기고, 페이스북에서 이벤트도 하면서, 주문을 해도 주인은 음식 만드는 데 집중한 나머지 술 주문 받은 것을 잊어버리거나, 때로는 페이스북에 뭔가 끄적이는 데 정신이 팔려서 주문을 받지 못해 저 역시 불쾌함을 느꼈을 무렵 가게는 문을 닫게 되었습니다. 이유는 경영부진이었던 것 같습니다. 점주는 이것저것 해 봤지만 안됐다고 했습니다.

⩗ 즉흥적인 생각에 꽂히면 중심축이 흔들린다

물론 '주종목 이외에 아무것도 하지 말라'는 것은 아닙니다.

단지 뭔가 새로운 것을 시도하거나 기획을 할 때는 콘셉트를 제대로 생각한 후에 해야 합니다.

발상은 무한대로 뻗어 나가기 때문에 즉흥적인 생각으로 움직이면, 그만큼 어딘가 힘이 약해지게 됩니다. 그 약해지는 곳

대부분이 본래 힘을 쏟아야 하는 부분입니다.

이렇게 즉흥적인 발상을 '소망 발상'이라고 하며, 이런 발상은 콘셉트나 목적과는 동떨어진 망상이 되어 버립니다. 한편 '필요 발상'은 콘셉트를 보다 확실하게 실행하기 위한 것입니다.

슈퍼마켓 매장 레이아웃 설계에 참여했던 적이 있는데, 그때 콘셉트의 중요성을 통감했습니다. 매장 레이아웃은 그 매장의 콘셉트에 맞게 결정됩니다. 예를 들면 진열대 사이 간격이라든가 진열대 높이, 계산대 위치, 입구 배치, 대상 고객층이나 쇼핑 테마 등에 따라 바뀝니다.

귀갓길 직장인 타깃의 빠른 장보기가 매장 콘셉트라면, 구매율이 높은 상품을 계산대 가까이에 집중 배치하는 것이 좋습니다.

느긋하면서 다소 호화로운 쇼핑을 콘셉트로 한 매장이라면, 통로 폭을 여유있게 하고 상품 종류를 다양하게 하는 것이 콘셉트에 맞는 설계입니다.

그러나 조금이라도 더 매출을 올리려는 마음에, 예를 들어 바쁜 직장인이 타깃인 매장에서 잘 팔리는 상품을 매장 안쪽에, 곁가지로 팔릴 것 같은 물건을 계산대 쪽에 비치하는 등 콘셉트에서 벗어난 형태로 운영하면 본래 콘셉트가 사라져 손님이 줄어듭니다.

더 이상 어찌할 수 없을 때가 되어서야 점장이 사태를 깨닫게 됩니다. 거꾸로 말하면 '이 정도는 괜찮겠지.'라는 생각에 콘셉트에서 벗어난 형태로 매장을 운영하면서 점장이 상황의 심각성을 알아채지 못했다는 것입니다.

콘셉트를 무너뜨리려고 아이디어를 쥐어짜는 것이 아니라, 콘셉트를 보다 세련되게 하는 것에 힘을 쏟아야 합니다.

생존에 필요한 집중

도쿄 오차노미즈에 위치한 호텔에 간 적이 있습니다. 옛스러운 분위기 덕분에 인기가 높아서 예약이 어려울 정도입니다. 프론트, 엘리베이터, 그리고 바 역시도 다른 호텔에 없는 옛스러움이 남아 있습니다. 필시 호텔의 콘셉트이겠죠.

옛스럽다고 유지 보수를 하지 않을 리 없습니다. 종업원이 꼼꼼히 청소하여 청결상태도 매우 좋습니다. 최신 시스템을 도입하거나 아침식사도 뷔페식으로 하는 등 다른 호텔을 모방하고 싶기도 하겠죠. 그러나 그런 소망을 누르고, 필요한 것을 소중히 지키고 있습니다. 이것이 살아남기 위해 필요한 집중입니다.

콘셉트는 확고부동한 축입니다. 사람으로 치면 특유의 개성이라고 할 수 있습니다. 가치를 높이기 위해서 자신의 축에 주력하다 보면 자신의 브랜드 가치가 올라갑니다. 반대로 주변 상황에 지나치게 휘둘리면 알맹이 없는 인생을 살게 됩니다.

저도 지금 인바스켓이라고 하는 축을 굳히고 있습니다. 축을 굳히면 보이는 것이 훨씬 많아집니다.

지 그럼, 우리 한께 자기 자신의 콘셉트를 깊이 파헤쳐 봅시다.

**버리기
팁**

■
살을 붙인 기획을 실행하기 전에 어느 정도의 비용이나
힘이 투입되어야 하는지 계산해 보고, 원래의 기획에
얼마나 도움이 되는지 비용 대비 효과를 분석한다.

**버려서
얻는 것**

■
콘셉트나 축이 흔들리지 않고, 보다 빨리, 보다 확실
하게 목표를 달성할 수 있다.

12장

남의 사정을 버리자

"남에게 맞추다가
내 일을 못한다"

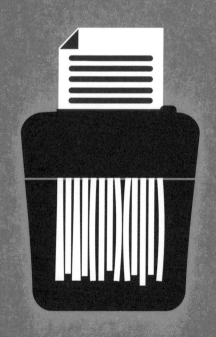

모치즈키
이야기

◡ 비용 절감 목표 달성

모치즈키입니다.

　요즘 상태가 좋습니다. 아, 제 상태 말입니다.

　입장을 버리는 사고법을 조금씩 실천하고 있습니다. 아직 충분하지는 않지만, 스스로 자연스럽고 편하게 지낼 수 있게 된 것 같습니다. 예전에는 위에서 누르고 밑에서 기어올라 스스로가 부족하다는 생각이 들었습니다. 그런데 입장을 버리고 제 생각을 좀 더 중요하게 여겨도 된다고 생각하니, 지금까지 말하지 못했던 것을 표현할 수 있게 되었습니다.

업무도 지난 달 가결산 숫자로 공장 경비 절감 목표를 클리어했습니다. 공장장은 솔직히 본인이 달성 못하던 목표를 과장이 두 달 만에 달성하니 입장이 조금 난처해진 듯하지만, 공장 경영 면에서는 잘된 일입니다.

8월은 회사 중간결산이 있는 달입니다. 비품 재고 조사라든가 감가상각을 확인하는 업무가 있습니다. 게다가 본사로부터 이런저런 생산성 향상 시책이 내려오는 통에 매일 공장 안팎에서 의견 절충하느라 바쁜 나날입니다.

Ⅴ 내 일을 할 수 없다

'오늘은…….' 가방에서 수첩을 꺼내 펼쳤다. 업무 시작 전에 계획을 세울 참이다. 중간결산 관련 부서 회의, 구인 잡지사〈올 구인〉과의 회의, 그 후에 오카무라 씨와 전표 관리 시스템 필요 사항 확인……, 과장과의 회의도 오후 4시에 있다.

"모치즈키 군, 오늘 뭔가 확인할 것이 있다고 했죠. 어라, 몇 시였지?"

"오카무라 씨, 좋은 아침입니다. 음, 오전 11시입니다."

오카무라 씨는 입을 반쯤 벌린 채 미안하다는 듯이 말했습니다.

"미안한데 점심시간 이후가 아니면 무리야. 오전 중으로 보고할 사항이 있어서."

"그렇습니까……그럼 오후 1시부터 할까요?"

"좋아, 미안해."

오전 일정이 휑하니 비워졌네. 뭐, 잡무라도 할까. 오후부터는 타이트하게 됐네.

전화벨이 울리길래 반사적으로 받았다.

"아~. 〈올 구인〉. 안녕하세요. 에, 시간을 조금 늦출 수 없냐고요? 음."

오후 4시엔 과장과 회의가 있다. 〈올 구인〉과는 천천히 내년도 계획에 대해 얘기하고 싶었는데, 다음 기회가 좋을까.

"알겠습니다. 그럼, 오후 3시 반에 어떨까요? OK입니까? 그러면 기다리고 있겠습니다."

나쓰미네 씨가 다가왔다.

"주임님, 이번 초등학교 회사 견학 기획서가 정리되었는데 체크해 주시겠습니까?"

아아, 그건 야기 씨가 진행자라고.

"알았어. 오전 시간이 비어 있으니 볼게."

"아, 아직 최종본은 아닙니다. 오후 2시 정도에 드릴 수 있을 것 같습니다."

아이고, 지금이라면 봐 줄 수 있는데. 어쩔 수 없지.

"오후에는 여의치……, 아냐, 괜찮을 것 같아. 그래, 언제까지 검토해 주면 될까?"

"희망사항인데요. 어디까지나 희망사항으로……. 내일 아침 일찍 검토를 끝내 주시면 좋겠습니다."

"내일 아침 일찍이라면, 즉 오늘 중이라는 건가. 난감한데. 알겠어, 봐 두지."

"역시, 주임님. 고맙습니다."

그렇게 말하고 나쓰미네 씨가 홀가분한 표정으로 자리로 돌아간다. 왠지 부럽다는 생각이 드네.

야기 씨가 말을 걸어왔다.

"모치즈키 씨, 생산관리 다다 씨 전화입니다. 4번입니다."

"네, 여보세요. 전화 바꿨습니다. 총무과 모치즈키입니다. 네……어."

내일 예정인 회의를 당겨서 오늘 할 수 없겠냐는 전화다.

"아, 지금부터는 무리……. 그런데 오늘은 저녁 6시까지 꽉 차 있어서, 네? 그때부터 말입니까? 하아, 네……."

전화를 끊고 한숨을 쉬니, 과장이 웃는 얼굴로 오라며 손짓으로 부른다.

뭐야, 설마 과장까지 시간을 바꾸려나?

"저기 말야, 모치즈키 씨. 일할 때 상대 사정에만 맞추면 본인 일을 할 수 없게 된다고."

저도 알고 있는데 그런 말을 들으니 억울했어요. 그러면 어떻게 하면 좋을까요? 물어보면 과장은 어떻게 대답할까요.

ⓦ 뭔가 놓치고 있지 않나?

"이쪽에서 부탁하는 것도 있어서……."

"그러니 상대 형편에 맞춘다?"

"하아, 맞춰 주지 못하는 것도 좀 그렇다 싶어서."

"상대에게 맞추는 것도 좋은데. 뭐랄까, 남에게 맞추다 놓치는 것은 없을까?"

놓치는 것……, 시간인가. 아니 과장 눈치를 보니 그런 표면적인 것이 아니야. 원래 오늘은 정시에 업무를 마치고, 요즘 빠지고 있던 영어회화 수업을 들으려고 했는데, 갈 수 없네. 그러고보니 쌓여 있는 서류 정리도, 공장 제조부 직원과 얘기할 기회를 가지려고 한 것도 못했다.

생각을 읽은 듯 과장이 한마디 했다.

"놓치고 있는 것이 있지?"

확실히 있다. 그렇지만 상대방의 사정도 있다고. 딜레마네.

선택과 집중의 기술 12

성과를 높이는 자기주도 계획을 세우자

어째서 상대의 스케줄에 맞추려 하는가?

모처럼 만나는 거라 될 수 있는 한 상대 일정에 맞추고 싶다거나, 바빠 보이는 모습이 눈앞에 보이거나, 자신이 부탁해서 시간을 할애받는 경우는 상대의 입장에서 스케줄을 조정하게 됩니다.

그러나 매사에 상대의 사정을 우선하느라 자기 일정을 지나치게 희생하는 사람도 많습니다.

저는 오사카에 살고 있는데, 도쿄에서 업무상 회의나 출판사 미팅이 있을 때는 몇 달 전에 스케줄을 조정합니다. 그런 경우에는 'ㅇ일에 만납시다.'라는 형태가 아니라 'ㅇ일 ㅇ시부터 ㅇ

시까지, ○○○근처에서.'라고 부탁합니다.

상대방에게 실례가 될지도 모르겠지만, 정해진 틀을 벗어나면 다른 스케줄을 포기해야 할지도 모릅니다. 특히 거리가 있으면 실제로 만나는 시간은 한 시간이어도 거의 하루가 소요되기도 합니다.

그것은 몇 달 전에 생각해도 마찬가지입니다. 백지 일정표에 스케줄을 기입하면 마치 닻을 내린 배처럼 자유롭게 운신할 수 없게 됩니다. 이왕 정박하는 거라면, 한 번에 효율적으로 업무를 처리하고 싶어서 그 부분에 주력합니다.

상대방에게 제 사정을 무조건 밀어붙이는 것도 실례이므로, 메일 마지막에 반드시 이렇게 써 넣습니다.

"제멋대로 부탁드리는 것이니, 상기 스케줄이 여의치 않으시면 기탄없이 말씀해 주십시오. 다시 조정하겠습니다."

영업 컨설턴트인 지인에게 이런 얘기를 들은 적이 있습니다. 성과를 남기는 영업사원은 하루 동안 평균의 두 배 정도 되는 거래처를 방문하는데, 성과가 없는 영업사원은 평균의 반 정도밖에 거래처를 돌지 못한다고 합니다.

인바스켓에서 일의 양은 성과의 중요 요인이 아니지만, 평균의 절반 정도밖에 거래처를 돌지 못하는 영업사원은 스케줄 계획력에 확실히 문제가 있습니다. 근본 문제를 파고들어 가 보면

'상대방의 스케줄에 전부 맞춘다.'라는 생각이 있습니다.

이것을 '소망 스케줄'이라고 합니다. 상대방이 만족하도록 시간을 조정하고 싶은 소망입니다. 그러나 여러분은 성과를 거둘 수 있도록 시간을 조정해야 합니다. 이것이 인바스켓에서 말하는 '계획 조직력'입니다. 계획 조직력은 성과를 보다 더 높일 수 있게 순서를 정해 효율적으로 업무를 진행하는 힘입니다.

⋁ 자기 사정을 우선시해도 좋다

소망 스케줄에 전부 맞추면, 점점 스케줄이 어그러져 많은 시간을 활용할 수 없게 됩니다. 예를 들어 오전 10시, 오후 3시에 각각 거래처 방문 일정을 잡으면, 그것만으로 그날 사용 가능한 시간이 대부분 없어집니다. 뭔가를 하느라 성과를 내기 위해 실행할 시간이 거의 없습니다.

그러므로 상대방의 사정만 우선시하지 말고, 여러분의 형편을 먼저 고려해도 됩니다. 상대방이 어떻게 해도 그 시간밖에 안 된다고 하면 시간 조정이 필요하지만, 상대에게 시간 조정의 여유가 있는데도 상대 형편에 맞춰 시간을 조정하는 것은 '소망 스케줄'입니다.

상대의 형편에 맞추는 것에 시간을 사용하지 말고, 성과를 거두기 위해 필요한 시간 조정에 힘을 쏟읍시다. 자신이 본래 하지 않으면 안 되는 업무, 특히 장시간이 소요되는 중요 안건 등을 우선시하여 계획을 짭시다. 상대의 형편을 먼저 고려하는 것보다, 자신을 우선시하여 시간을 들이는 편이 여러분에게 의미가 있지 않겠습니까?

여러분의 시간은 여러분의 것이지 타인의 것이 아닙니다. 상대에게 지나치게 맞추다 보면 자신이 정말 하고자 하는 것을 하지 못하게 됩니다. 그런 비극은 이제 그만둡시다. 게다가 수면도 제대로 취하지 못하고, 여유 있게 식사도 못하는 것은 자신을 괴롭히는 행동입니다.

상대의 사정 봐주기를 때로는 그만둘 필요가 있습니다.

**버리기
팁**

■

일정표에 여러분이 빼앗길 수 없는 시간을
1할 설정한다.

■

예컨대 화요일 점심시간, 매월 10일 등은 전부 비워
두는 식으로 한다. 비워둔 시간은 정말 여러분이
해야 할 것을 준비하는 데 할애한다.

**버려서
얻는 것**

■

스케줄 내용을 촘촘하게 하면, 스스로 사용할 시간을
확보할 수 있다.

13장
허세를 버리자

"대단해 보이기를
그만두면 대단해진다"

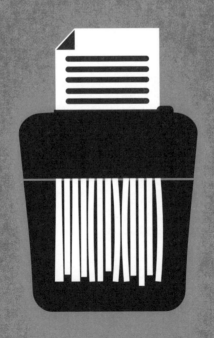

오카무라
이야기

⌐↵ 어쩌다 떠맡게 되었을까?

오카무라입니다.

변했다는 얘기를 듣지만, 제 자신은 그다지 실감하지 못하고 있습니다. 다만 한번 해 보고 의견을 말하는 스타일로 바꿔 봤습니다.

과장의 방식을 모두 수용하는 것은 아닙니다. 지금까지 경험하지 못했던 타입이므로 오히려 흡수하려고 생각할 뿐입니다. 그러므로 그다지 제 자신은 바뀌지 않았습니다.

그건 그렇고. 음, 조금 곤란한 일이 생겼습니다.

지금 영어 공부를 하고 있습니다. 학창 시절에 해외여행을 간 적이 있었는데, 영문학이 전공이어서 그때는 어떻게든 얘기를 했습니다. 뭐, 원어민 정도는 아니었지만요.

그런데 이번에 회사 업무에 영어를 사용할 일이 생겼습니다. 왜 이렇게 되었냐 하면, 어쩌다 얘기가 그렇게 흘러 버렸다고 해야 할까요.

∨ 내가 영문과 출신이라 안다고

지난 주 금요일, 사무실에서 잡담하고 있는데 과장이 회의에서 돌아와 과장답지 않게 한숨을 쉬었다.

과장이 수첩을 가만히 들여다보더니 모두에게 말했다.

"저기, 다음달 20일에 미국 여행사가 공장 견학을 오게 되었어."

그래서 나는 질문했다.

"어째서 미국 여행사인가요?"

"그게 말이지, 아무래도 사장님 지인이 미국 여행사를 운영하고 있어서 미국 관광객 투어에 우리 회사 공장견학을 넣을 수 있는지 의뢰가 있었다는데."

"그럼 제조부가 담당하면 되지 않습니까?"

"원래대로라면 그렇지. 그런데 우리 공장 내부는 일반인에게 공개하지 않으니 건물 외부와 사무실을 견학시키면서, 회의실로 안내해 간단한 공정 설명만 하는 것으로 결론이 나서……."

모치즈키 군이 한숨을 쉬며 말했다.

"그러면 우리가 안내하게 되었다는 거네요."

야기 씨도 한마디 거들었다.

"곤란한 일은 전부 총무과네요. 이런 풍토는 바꿔야 하지 않습니까?"

그러자 아주 해맑게 나쓰미네가 과장에게 질문했다.

"과장님, 그러면 그분들은 일본어를 할 수 있어요?"

과장이 고개를 흔들며 말했다.

"아니, 그것 때문에 난감한 거라고. 누구 영어 회화 가능한 사람?"

그러자 야기 씨가 손을 들더니, "어, 약간 가능합니다. 예전에 통신 수업을 들은 적이 있습니다." 하고 말했다.

통신 수업? 그런 걸로 영어 회화가 된다고 말하는 거야? 무심코 거기서 말참견을 해 버렸다.

"야기 씨, 통신 수업이라는 거지? 사실 외국인과 얘기하는 거라면 무리지. 그렇게 간단한 것이 아니야. 내가 영문과 출신이라 안다고."

이렇게 말하니 모두가 선망의 눈길로 나를 주시했다.

"어라, 오카무라 씨, 영문과 출신입니까?"

아차 싶었으나 영문과를 나온 건 사실이다.

"네, 해외에 몇 번 나갔다 온 정도입니다만."

사실 한 번이지만.

"오~, 미국에도 다녀왔습니까?"

모치즈키 군이 물어오길래 "네, 여기저기 갔어요."라고 대답
해 버렸다. 사실 하와이밖에 간 적이 없지만, 하와이도 미국이
니까.

야기 씨는 나에게 시선이 집중되는 것이 좀 신경 쓰이는 것
같았다.

"일상 영어 회화와 비즈니스 영어 회화는 다르다고 생각합니
다만."

"그런 거는 알고 있어요. 비즈니스로 사용할 수 없는 영어는
의미가 없지 않을까요."

이렇게 말하니 야기 씨가 약간 빈정 상한 듯 시선을 아래로
내린 채 말이 없어졌다. 나쓰미네 씨가 눈을 반짝이며 나를 보
고 있네.

"선배 대단해요. 존경합니다. 영어 회화가 가능하다니 대단해요."

"뭐, 그렇지."

"그럼, 오카무라 씨에게 부탁하도록 할까."

"네, 어, 저요?"

"바쁜가? 혹시 힘들겠다 싶으면 주저 없이 말해 주세요."

"아니, 괜찮을 겁니다. 아마."

이렇게 맡게 되어 버렸어요.

그렇지만 일상 영어 회화와 비즈니스 영어 회화는 뭐가 다를까요. 좌우지간 단어 하나라도 더 말할 수 있게 연습하지 않으면 안 된다고요.

말이 아닌 행동으로
자기 가치를 높인다

⩗ 모르는 것은 몰라도 좋다

다른 사람에게 잘 보이고 싶다, 존경받고 싶다, 그런 생각은 누구라도 갖고 있습니다. 저도 타인에게 경멸당하는 것보다는 좋은 인상을 주고 싶고, 험담을 듣기보다는 존경받고 싶은 마음이 있습니다.

그런 마음은 성장하기 위해 필요합니다. 반면 그런 마음이 실력보다 커지면 허영심이 되고 거짓 자아를 만들어 냅니다. 친구와 얘기하던 중 한참 화제가 되던 스포츠 얘기가 나오자, 하러 간 적도 없는데 덜컥 가 봤다고 하거나 모르면서 아는 것처럼 말한 적은 없습니까? 친구로부터 "어, 알고 있네."라며 약간 존경의 시선을 받으며 기분이 좋아진 적은 없습니까?

자신을 대단하게 보이고자 하는 마음의 본질은 상대한테 경멸당하고 싶지 않다는 두려움입니다. 이것을 '소망 성장'이라고 합니다. 실력에 걸맞지 않게 외양만 꾸미는 것입니다. 흔히 말하는 겉치레입니다.

'분수를 안다'는 말도 있지만, 자신을 알고 그에 걸맞는 행동이나 생활을 하는 것이 스트레스를 받지 않고 살아가는 방법입니다. 모르는 것은 몰라도 좋고, 경험한 적이 없는 것은 경험하지 않은 것으로 좋습니다. 무리해서 대단하게 보일 필요는 없습니다. 이렇게 있는 그대로 자신을 표현하는 힘을 인바스켓에서는 '휴먼 스킬(인간관계의 기술)'이라고 합니다.

거짓말을 덧붙여 대단하게 보이려는 생각은 버립시다. 다른 사람은 거짓말을 눈치채지 못하더라도 자신은 속일 수 없습니다. 스스로 거짓말을 했다는 사실을 느끼기 때문입니다.

⩘ 작은 허세가 초래하는 큰 낭패

얼마 전 한때 공부 모임에서 알게 된 지인이 어느 컨설턴트가 출판을 원한다며 상담을 의뢰했습니다. 문득 이상하다는 생각이 들었습니다. 그를 만날 기회가 있었는데 그때 이미 책을 냈다고 본인한테 들었기 때문입니다. 아무래도 책을 냈다고 허언을 한 것이 본인을 어지간히도 궁지에 몰아넣은 듯합니다. 틀림없이 주변 사람들에게도 말해 버려 더 이상 빠져나갈 곳이 없었는지도 모르겠습니다.

뒷수습에 들이는 비용도 시간도, 그리고 노력도 아깝다는 생각이 들었습니다. 게다가 본인에 대한 평가도 떨어지고 있을 거라는 생각이 들었습니다.

대단하게 보일 필요도, 거짓말로 거짓 자아를 만들어낼 필요도 없습니다. 소망 성장은 버려야 합니다. 전부 버릴 수 없다면, 깨달았을 때만이라도 좋으니 버릴 용기를 가져 봅시다. 그러면 차츰차츰 버릴 수 있게 됩니다.

⋁ 대단하게 보이려 하지 말고, 대단해지자

소망 성장, 즉 겉치레나 허영심을 버리면 얻는 것이 많아집니다. 혹시 여러분에게 부하 직원이 있다면, 부하 직원의 보고에 "그런 건 알고 있어." "나도 예전에 했어." 등 하찮은 허영심을 담아 말하지는 않는지요? 단 한마디 버리는 것으로 여러분이 손에 넣을 수 없는 정보를 부하 직원을 통해 얻을 수 있고, 부하 직원의 사기를 진작시킬 수 있습니다.

그리고 가장 큰 선물은 <u>스스로에게 성장할 기회</u>가 찾아온다는 것입니다. 이것이 여러분이 힘을 집중시켜야 할 '필요 성장'입니다.

여러분이 주력해야 할 것은 자신을 얼마나 대단하게 보이게 할지가 아니라 자신을 얼마나 대단하게 만들지입니다. 즉 말로 자신을 만드는 것이 아니라 행동으로 자신을 만드는 것입니다.

외부의 평가보다 자신을 가장 잘 알고 있는 스스로가 내리는 평가를 좋게 만듭시다. 자신을 더 잘 보이게 하는 것보다도, 주변의 평가에 기대지 않고 스스로 자신을 평가하는 자세가 결실을 맺지 않겠습니까.

모르는 것이 있으면 흥미를 갖고 들읍시다. 허영심을 버리고 거기에 들이던 시간과 노력, 그리고 스트레스를 자신의 가치를 높이는 데 사용합시다.

자기를 만드는 것에 집중하면 무거운 짐을 짊어지지 않고 올바른 인생을 살아갈 수 있습니다.

**버리기
팁**

■

모르는 것은 모른다고 말한다.

■

말할 수 없으면, 상대방에게 맞장구치고,
"나는 알고 있다."는 거짓말은 하지 않도록 한다.

**버려서
얻는 것**

■

새로운 지식을 얻는다.

■

자신이 성장할 기회를 얻을 수 있다.

14장
개인 감정을 버리자

"하기 싫은 결정을 미루면
더 중요한 것을 잃는다"

모치즈키
이야기

↳ 홋카이도 공장이 폐쇄되다

모치즈키입니다.

과장이 부임하고 4개월이 지났습니다. 사장이 전체 회의에서
매출이 그다지 좋지 않으니 성역 없는 경비 절감을 부탁한다고
진지하게 호소했습니다. 수입 가구에 압박을 당하는 데다 대기
업 홈센터(일용 잡화, 주택 설비를 취급하는 할인 매장) 등에서는 자사
브랜드 가구로 매장을 채우고 있어서, 우리 회사의 주된 판로인
일반 가구점이 고전을 면치 못하는 듯합니다.

생산라인도 정비하는 날이 많아졌습니다. 주문이 줄어 생산

210

을 쉬는 날이 늘어났습니다.

우리 회사의 공장은 전국 4곳에 있는데, 얼마 전 홋카이도 공장의 폐쇄가 결정되었습니다. 그곳은 우리 공장보다 더 많은 적자를 내고 있는 소규모 공장이지만, 우리 회사가 처음으로 세운 공장이어서 정말로 성역이 없구나 싶어 등골이 서늘해졌습니다.

나머지 세 공장 중에서는 우리 공장이 유일하게 적자를 내고 있으니 공장 안에 불안한 소문이 돕니다. 얼마 전 야기 씨와 점심식사를 하고 있는데 심각하게 자기는 괜찮겠냐며 물어왔습니다. 저한테 물어봤자 저 역시 모릅니다. 제 앞날도 모르는데. 야기 씨는 이 공장이 마음에 드나 봅니다.

그러나 납득이 되지 않습니다. 홋카이도 공장 건 말입니다. 일개 공장이라는 생각으로 회사가 버린 걸까요? 냉혹한 판단이라는 생각이 듭니다.

거기에서 일하는 종업원뿐만 아니라 그 가족, 또 운송업자와 거래처를 포함해 많은 사람들의 인생을 아주 간단하게 자르는 결정이기 때문입니다.

저 역시 이 사건으로 사기가 떨어지고 있습니다. 그러나 주임이기 때문에 확실하게 본인이 맡은 업무를 해내지 않으면 안 됩니다.

⌐ 하기 싫은 결정도 해야 한다

오늘은 비가 내리는 수요일. 사무실 창문에서도 안개비에 젖은 삼나무가 아련하게 보인다. 아침부터 내리던 비가 오후에 접어들면서 거세진 것 같다.

"모치즈키 씨 시간 괜찮아?"

과장이 부른다. 어쩐지 심각한 얘기인 듯하다. 과장은 난처한 일이 있으면 얘기하기 전에 작게 기침을 하는 습관이 있어서 알 수 있다.

면담실로 들어가니, 과장은 한숨을 한 번 쉬고 의외로 잡담 형태로 이야기를 시작했다. 신기하게도 과장이 커피를 타다 주었다.

"홋카이도 공장 건은 상당히 동요가 있는 것 같아."

과장도 역시 신경 쓰이는 거겠지.

"네, 온통 '다음은 우리 공장이다.'라는 소문이 돌고 있는 것 같습니다."

"그런가."

과장도 역시 회사의 결정을 납득 못하는 거겠지. 아랫입술을 깨물듯 다시 작게 한숨을 쉬었다.

"과장님, 이번 홋카이도 공장 건은 정말 폐쇄밖에 방법이 없었을까요? 그곳은 오래전부터 조업을 해 온 공장이라 베테랑

종업원도 있고, 관계된 제조업체도 있는데."

과장은 종이컵에서 시선을 옮겨 여느 때와 같은 의연한 표정으로 대답했다.

"자네였다면 어떤 결정을 내렸겠어?"

"저라면 남기겠습니다. 그게 직원 수도 많고, 열심히 하면 뭔가 될 거라 생각합니다."

"열심히 하면 뭔가 된다……. 그건 이런 상황이 되기 전에 내릴 만한 판단이 아니었을까."

"그래도 이렇게 간단하게 잘라 버리는 건……저라면 할 수 없습니다."

"그래, 모치즈키 씨여도……."

과장은 반 정도 남은 커피잔을 보며 말했다.

'네'라고 내가 해서는 안 될 대답을 한 것처럼 나에게 응수했다.

"앞으로 자네가 이 회사에서 위치가 올라가면, 해야 할 결정이 이런 결정이야."

"어…… 하아."

"간부가 된다는 것은 보다 높은 수준의 결정을 해 나가야 한다는 거라고. 가장 어려운 것이 '버리는' 결정을 하는 거야."

"어, 새로운 것을 하기로 하는 결정 아닙니까?"

"아니야. 새로운 것을 하기 전에 버리는 결정을 한다고."

버리는 결정……. 그건 싫은 일이다. 그런 생각을 알아챘는지, 과장이 살짝 미소를 지으며 내게 말했다.

"버리는 결정을 하는 사람이 없으면 중요한 것 대부분을 잃게 되지. 궁극의 선택이야."

확실히 그렇다. 궁극이다.

ᨆ 무언가 버리지 않으면 안 된다

"그러면 오늘 얘기하려던 건인데…… 괜찮나?"

미리 마음을 정리하게 하는 이 표현도 심상치 않다. 뭘까…….

"총무과 인원을 감축해야 할 것 같아. 나보다 이 공장에서 오래 일한 자네의 의견을 듣고 싶은데."

"어, 정말입니까? 몇 명입니까?"

"아직 몰라. 다만 본사에서 전출 리스트를 만들라고 해서."

"버릴 사람 리스트를요? 그건 무리입니다."

"뭐가 무리지?"

뭐라니, 총무과는 5명이 일해 왔고, 전부 필요하니까 있는 거 아닌가. 저마다 생각을 갖고 일하고 있고, 뭔가 해 보려고 열심히 하는데. 버린다니…….

"그건 과장님이 결정해 주십시오. 저는 말씀드릴 수 없습니다."

"정말 내가, 내가 결정해도 괜찮나?"

과장이 상체를 조금 앞으로 기울이며 눈꼬리가 날카로워졌다.

"하지만 모두 필요하니까. 오카무라 씨는 우리 공장의 살아 있는 전설이라 그녀가 없으면 뭐 하나라도 돌아가지 않고, 야기 씨도 본사에서 온 지 얼마 안 됐지만 여러 가지 사정이 있고, 나쓰미네 씨는 막 들어온 신입이라 교육할 만한 인재입니다."

"모두가 필요하지만 이대로 총무과가 이 인원으로 운영되면, 이 공장 자체가 없어질 텐데 그래도 좋다는 얘기인가?"

"그런 얘기가 아닙니다. 공장을 위태롭게 하는 결정은 아무도 하지 않습니다."

"자 그럼, 인원을 줄이는 쪽을 선택할 수밖에."

나는 입을 다물었다. 내 자신이 마치 슈퍼마켓에서 갖고 싶은 것을 사 달라고 울며 조르는 아이 같았다. 나는 궤변만 늘어놓고 결정은 안 하는가. 버리는 결정은 하지 않는 주제에, 아무것도 잃고 싶지 않다니……. 결정에 따르는 책임은 지고 싶지 않다, 그것이 내 결정인가…….

선택과
집중의
기술 14

개인 감정을 버리면
더 중요한 것을 건진다

﹀ 개인 감정은 결정을 내리는 데 방해가 된다

비즈니스라이크(businesslike)라는 표현이 있습니다. 비즈니스로
생각해서 개인 감정을 개입시키지 않고 결정하는 것입니다.

회사원 시절 어느 부서가 매출이 저조하여 적자가 났던 적이
있었습니다. 본사에서 흑자 전환은 필수라며, 인건비를 대폭 감
축하라는 지시를 받았습니다.

부서 운영을 지속하려면 어쩔 수 없다고 했지만, 오래 근무한
파트타임과 계약직 사원을 그만두게 할 수 없어서 모두의 근무
시간을 단축시켜 인건비를 절감하고자 했습니다.

한 명 한 명에게 설명하니 이해는 해 주었지만, 모두에게는 생활이 있었습니다. 싱글맘, 남편이 실직 중이어서 경제적으로 곤란한 사람, 곧 결혼할 사람……. 개별적으로 면담해 보니 직원 각자가 떠안고 있는 사정을 알게 되어, 의도한 대로 근무 시간 단축이라는 결정을 내릴 수 없었습니다.

그것을 본 상사가 직접 직원들과 면담하고 주저없이 일사천리로 근무 시간 단축을 진행시켰습니다. 그 모습이 저에게는 약간 냉혹한 인상으로 남게 되었습니다.

그러나 그 후 인건비는 절감되었고, 부서는 흑자전환되어 모두의 근무 시간도 조금씩 원상 복귀되었습니다.

제 결정을 늦추게 했던 것은 명백히 '개인 감정'입니다. 앞서 제가 보인 동정도 개인 감정입니다.

인간이니까 감정이 있는 것이 당연하지만, 큰 결정을 내릴 때에는 이 개인 감정이 결정을 할 수 없게 만드는 원인이 됩니다. 그러므로 개인 감정을 버릴 용기가 필요합니다.

개인 감정에 사로잡히면 결정해야 할 타이밍을 놓치거나 감정에 치우쳐 잘못된 결정을 내리기도 하며, 결국 상대에게도 부서에도 그리고 자신에게도 놓치는 것이 생깁니다.

✓ 본인의 이익이 얽혀 있을 때 실수하기 쉽다

'개인 감정을 버린다'는 것은 뭔가 차가운 표현인 듯하지만, 사실 개인 감정이라는 것에는 한 가지 더 큰 의미가 덧붙어 있습니다. 그것은 '이기적인 마음'이라는 의미입니다.

자신의 이익이 얽혀 있으면 결정을 내릴 때 실수를 하는 경우가 있습니다. 예를 들면 지각할 것 같은데 건널목 신호에 걸렸을 때 건너면 안 된다는 것을 알면서도 건너는 사람도 있습니다. 극단적인 예입니다만, 급행열차를 탄 어떤 사람은 내려야 할 역을 열차가 건너뛴다는 것을 알면서도 비상 정지 브레이크를 당겨 뉴스 주인공이 되기도 했습니다. 이것은 개인 감정이 들어간 판단이 일으킨 비극입니다.

또 부하 직원의 부정행위가 발각되었을 때, 상사가 눈감아 주는 경우도 개인 감정이 개입된 판단입니다. 이럴 때 많은 사람이 최선의 결정을 하고 싶어 하지만, 그것은 단기적인 판단이고 장기적으로는 잘못된 결정이 되는 경우가 있습니다.

이런 개인 감정이 소망인지 필요인지 구별해야 합니다. '소망 개인 감정'은 이기심입니다. 미움받고 싶지 않은 마음, 동정 등도 포함됩니다. '필요 개인 감정'은 전체를 파악한 다음, 그 사람을 위해 어떻게 해야 할지 생각하는 것입니다.

⩗ 신속, 냉정, 적확하게 행동한다

전제와 전체를 파악하는 것을 인바스켓에서는 '통찰력'이라 합니다. 통찰력은 부분적인 사항뿐만 아니라 전체적으로 최적의 상태가 되도록 결정하는 힘입니다. 그런 경우 개인 감정을 버리고 냉정하게 전체를 끝까지 지켜보고, 어느 것이 전체를 위해 최선인지 결정할 것이 요구됩니다. 물론 결정에는 정답, 오답이 없습니다. 그러나 개인 감정을 버림으로써 전체 시야가 넓어져 냉정하게 결정할 수 있습니다.

또한 개인 감정을 버리면 결정하는 데 속도가 붙습니다. 머릿속으로 내린 결정을 적확하게 행동으로 옮깁니다. 결정은 날것과 같아서 지금 바로 결정하지 않으면 결정한 의미가 없어집니다. 지금까지 결정 속도가 느렸던 사람은 개인 감정을 잘라냄으로써 단숨에 결정을 내릴 수 있게 됩니다.

⩗ 개인 감정을 인정하고 용기있게 버린다

개인 감정을 갖는 것에 대해 나쁜 점만 얘기했지만, 개인 감정은 공감하여 상대방을 배려하는 행동을 말하기도 합니다. 그런 행동을 인바스켓에서는 '휴먼 스킬'로 평가합니다.

따라서 전혀 개인 감정 없이 일을 하려는 것도 잘못이라고 생각합니다. 중요한 것은 회사의 일원으로서 올바르게 결정할 때

또는 신속하게 결정할 때, 개인 감정을 일단 버려야 한다는 것을 아는 것입니다.

냉정을 유지할 때는 알고 있어도, 중요하거나 긴급한 판단을 할 때는 이 개인 감정이라는 것이 평소보다 크게 나타납니다. 그럴 때 개인 감정을 버린다는 것은 사실 어렵습니다.

그러므로 저는 개인 감정이 생겨나는 것을 좋다고 생각합니다. 다만, 개인 감정이 생겼다는 것을 인정한 다음 그 개인 감정을 버리는 결정을 용기 있게 했으면 합니다.

개인 감정을 버리는 용기가 있으면 결정의 결과는 바뀝니다.

버리기 팁

■ 자신이 어떤 개인 감정을 갖고 있는지 생각해 본다.

■ 개인 감정을 버리면 어떤 결정을 내리게 될지 비교해 본다.

버려서 얻는 것

■ 의사결정이 빨라진다.

■ 개인 감정이 개입된 오판을 하지 않게 된다.

15장

책임 전가를 버리자

"도주로를 없애면 도전하는 용기가 생긴다"

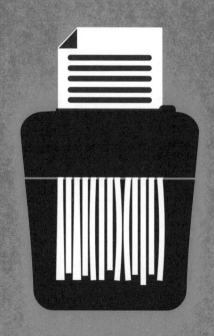

야기
이야기

⩗ 구조조정 소문이 돈다

야기입니다.

위기입니다. 마침내 수세에 몰렸습니다. 공장 내에 구조조정이 진행된다는 소문이 도는데, 그 내용이 제조부서 10퍼센트 감원, 관리부서 30퍼센트 감원이라고 합니다.

본사에는 돌아가고 싶지 않아서 갖은 수단을 동원하고 있는데 이상하게 불안합니다. 이런 타이밍에 업무 실수는 용납되지 않습니다.

주말을 보내고 출근한 월요일, 오늘 스케줄은 노동안전위생위원회에 출석, 그 다음 직원 근태 수정, 뭐 반복되는 업무라 정시에 끝날 듯하다.

"야기 씨."

과장이 가는 눈썹을 약간 역팔자 모양으로 한 채 불렀다. 과민해진 탓인지, 약간 뒤집힌 목소리로 대답하고 말았다.

"느예에."

"지금 본사에서 연락이 왔는데, 노동조합 회동 의사록에 오타가 있고, 날짜와 시간이 틀렸다는 지적이 있었어."

곤란한데. 이건 좋지 않아. 이런 타이밍에 실수라니. 기한이 간당간당해서 실수한 게로군. 그래도 이 서류는 주임님한테 제대로 확인받았는데.

"아, 주임이 체크했는데, 틀렸습니까? 알겠습니다. 바로 수정하겠습니다."

그 말에 신경 쓰였는지 모치즈키 씨가 황급히 이쪽으로 왔다.

"네? 무슨 실수가 있었습니까?"

나는 일부러 곤란한 얼굴을 하고, 실수를 주임 탓으로 돌리려고 했다.

"네, 아무래도 며칠 전 주임님께서 체크하셨던 본사에 보고한 노동조합 의사록에 실수가 있었던 것 같습니다."

"어? 어디 말입니까? 아, 과장님 죄송합니다. 바로 수정할 테니."

과장은 팔짱을 낀 채 나를 보고 있다. 그리고 칼날 같은 목소리가 날아들었다.

"저기, 야기 씨. 주임이 체크할 때 놓치는 실수를 범했지만, 사실 이것을 만든 것은 야기 씨죠."

아니 아니, 최종 확인하고 OK 받고 제출했다고.

"네, 제가 맞습니다만, 이같은 실수가 있을지도 모르기 때문에 제출기간을 좀 늦춰줄 것을 본사에 부탁했습니다. 그럼에도 급하게 필요하다고 해서 우선 보냈습니다. 이 건과 관련된 연락 내용은 메일로 보관하고 있습니다."

과장은 가느다란 손가락으로 다른 서류 한 장을 더 가리켰다.

"그럼, 이건? 근태 수정 서류에 실수가 2군데 있어요."

이것은……, 아, 진짜네. 아~. 이건 건성으로 했기 때문이다. 망했다.

⅃ 보고와 보험은 다르다

"이것은 제 실수입니다. 그러나 실수가 없는지 확인 받기 위해 과장님께 메일을 보내 두길 잘했습니다."

"무슨 얘길하는 거지? 당신 실수라고. 설사 다른 사람이 체크해도 당신 실수가 없어지거나 하지 않아."

"확실히 제 실수일지도 모르겠습니다만, 체크를 해 주는 사람에게도 책임이 있지 않는지 말씀드리는 겁니다만."

"그걸 책임 전가라고 하지. 게다가 요즘 별일 아닌 것도 전부 메일 참조(cc)로 보내고 있는데 그것도 참조로 공유시켜서 '과장님께서 전에 보신 겁니다.'라고 말하는 건가."

딱 걸렸다. 우선 누군가와 공유하면 설사 실수가 있어도 책임을 분산시킬 수 있다. 그래서 사소한 일이어도 확인의 의미로 과장이나 주임에게 반드시 보냈다. 변명을 하다 보니 스스로도 무슨 얘기를 하는지 모를 지경이 되었다.

"저기, 야기 씨. 보고한 점은 참작하겠으나, 보고와 보험은 다르다고."

"보험…… 말입니까?"

"보험은 실패해도 데미지가 적은 업무 처리 방식이야. 나중에 본인에게 유리하도록 뭐든 보고하는 것은 보험 같은 사고방식이야. 그걸 버리지 않는 한, 업무의 질은 언제까지나 나아지지 않아. 뭐든지 메일로 보내는 업무 방식은 고치세요."

보험이라고……. 실패했을 때 데미지를 다른 사람에게 전가시키는 것, 확실히 보험일지도 모르겠다.

실패를 두려워 말고
전력을 다해라

∨ 담당자로서 책임 의식이 결여된 행동

여러분은 가입한 보험이 있습니까?

저는 유독 출장이 많아서, 렌터카 보험, 해외출장보험 등을 이용합니다. 신용카드 보험에도 가입된 듯한데 이것들을 합하면 꽤많은 보험이 지켜 주는 생활을 하고 있네요.

그 누구도 본인에게 사고가 일어날 거라고는 생각지 않지만, 자동차 보험도 만에 하나 사고가 발생했을 때 본인 능력으로 해결할 수 없는 범위를 보장해 줍니다.

업무도 마찬가지입니다. 본인의 책임 범위 내에서 대응할 수 없을 때는 상사에게 확인을 받거나 상의를 하여 진행합니다.

그러나 본인의 책임 범위 내에서는 여차하면 타인의 책임으로 돌릴 수 있다는 생각은 버려야 합니다. 보험에 들려고 해도 그것은 본인이 심적으로 안심하기 위한 것일 뿐, 설사 다른 사람에게 책임의 일부를 떠넘겨도 비즈니스 세계에서는 받아들여지지 않습니다. 오히려 책임을 전가한다며 평가가 떨어질 것입니다.

'일단 얘기해 둔다.' '만약을 대비해 확인한다.' 인바스켓에서는 이것들을 각각 정보를 공유하는 '조직활용력', 확인하는 '문제분석력'으로 평가합니다. 그러나 만약 만에 하나라도 실수할 경우를 대비하거나 본인의 안위를 위해 보고하는 것이라면, 이것은 보신을 위한 보고 즉 '소망 보고'로 담당자로서 책임 의식이 결여된 것입니다.

⫤ 보험 들기에 에너지를 쏟는 것보다 중요한 것

보험을 없애는 것은 매우 위험하지만, 비즈니스에서는 리스크를 감수해야 성공이라는 보수가 생깁니다. 위험 없이 확실한 성공이 따르는 비즈니스가 있다면, 책임질 사람은 필요 없습니다.

중요한 것은 실패했을 때 어느 정도 손실이 생길지 예상하여, 그 책임을 스스로 질 수 있는지 생각하는 것입니다. 본인의 책임 범위에 속하면 책임을 져야 할 것입니다.

보험 드는 데 낭비할 시간이나 힘이 있다면, 실패하지 않도록 전력을 다합시다. 이것이 진정한 '필요 보험'입니다. 즉, 스스로에게 보험을 들어 타인에게 의지하지 않고 실패하지 않도록 힘을 집중하는 것입니다.

실패하면 책임을 져야 한다는 것이 아니라, 최선을 다했지만 실패했다면 스스로 책임을 지는 게 멋지다는 말입니다.

⒱ 성공확률이 확실히 올라간다

보험을 들지 않는 도전 정신은 타인이 봐도 알 수 있습니다. 예를 들면 책을 읽으면서도 알 수 있지 않습니까?

"○○라고 얘기되고 있다(독자 여러분이 스스로 확인해 주십시오)." 이렇게 보험 가입식 표현으로 된 책이 있습니다. 저는 독자 입장에서 그런 책은 읽지 않습니다. 혹시 다른 경우가 있을지도 모르겠지만, 그런 책은 읽는 사람이 확인하라는 애매한 의사 결정을 담은 책이어서 아무것도 얻을 수 없다고 생각하기 때문입니다.

보험을 버리면 본인의 의사가 상대에게 훨씬 쉽게 전달됩니다. 반대로 애매한 표현으로 보험에 들어 둔 의사결정은 상대에게 전달되기 어렵습니다.

보험에 들어 두고 싶다는 마음의 뒷면에는 자신 없다는 마음이 있습니다. 보험에 들어 두면 실패할 두려움이 옅어질지도 모르겠습니다. 그러나 성공 확률은 떨어집니다.

　여러분 자신의 힘으로 성공을 손에 넣기 위해서라도 스스로 책임을 다하고 책임을 지는 행동에 집중해야 합니다.

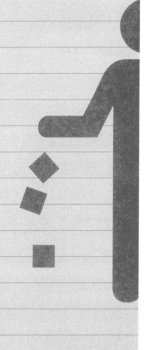

버리기 팁

■

체크해 줄 사람은 없다고 믿는다.

■

보고가 누구를 위한 것인지 생각한다.

버려서 얻는 것

■

실수가 줄어든다.

■

쓸데없이 보험에 들였던 시간과 노력을 얻는다.

16장
성공 경험을 버리자

"그대로 했는데
이번엔 왜 통하지 않을까?"

🗣 보통내기가 아니네

공장장 야마모토입니다.

요 며칠 불면의 날을 보내고 있습니다. 본사에서 지시한 인원 감축 보고 기한이 코앞에 닥쳤는데 공장 직원들이 직접 상담하러 찾아오고 있습니다.

본사는 간단하게 인원 감축이라고 말하지만, 그렇게 간단한 일이 아닙니다. 다만 홋카이도 공장이 폐쇄된 것을 볼 때 본사가 이번에는 진심이라는 생각이 들었습니다.

그러나 과거에도 구조조정이 있었지만 그때마다 일시적이었어서, 이번에도 그럴 것 같습니다. 이러한 일시적 구조조정의 파도에 가능한 휩쓸리지 않도록 본사와 협상할 참입니다.

총무과의 다카스기 과장 말입니까? 뭐, 역시 보통내기가 아니더군요.

내가 손대지 않고 있던 직원용 주차장 계약을 해지하고, 지역 사회 기부도 중단했다. 공장 회식비 등도 성역 없이 없애 버렸다. 너무 줄여 버리면 정말로 버려야 할 때 버릴 게 없어진다고 반대했지만, 그녀의 정론에 이길 수 없었던 것은 사실이다. 비난은 전부 그녀가 떠안았다는 게 다행이라면 다행이지만.

게다가 총무과 인건비도 40퍼센트 감축한다는 말이 나왔다. '성과를 올린 다음 본사로 돌아갈 거라고 앞뒤 없이 없애버리나?'라고 생각했지만, 아무래도 뭔가 다른 듯하다. 어제 제조부 고참이 그만둘 거라고 말하러 왔을 때는 과장이 필사적으로 만류했기 때문이다. 정말 경비 절감이 필요할 때 퇴직은 대환영일 텐데, 알다가도 모르겠다.

⌵ 이런 식으로 극복했다

오, 호랑이도 제 말하면 온다더니, 그 알다가도 모를 과장이 왔다.

"실례합니다."

"오, 왔는가?"

"네, 이것이 배치 전환자 리스트입니다."

어떤 망설임도 없이 동그란 기밀 마크가 붙은 서류를 내밀었다.

"흠…… 이, 이보게, 이게 뭔가? 뭘 생각하고 있는 건가?"

뭐냐…… 도대체 너는 무슨 생각인 거야.

"이 시책을 실시하면, 제조부서는 간신히 살리고 관리부서를 감축하고 다른 경비를 절감해서 흑자 전환을 노릴 수 있습니다. 이 숫자라면 아마 본사는 공장 폐쇄 결정을 하지 않을 테죠."

"그러니까 이렇게까지 하지 않아도 되지 않나. 좋아, 다카스기 과장. 지금만 견뎌 내면 돼. 형식만 맞추면 되지 않겠나. 그러니까 서류에 숫자만 맞춰서 내놓자고."

"그렇게 해서 뭐가 됩니까?"

"뭐가 된다니? 좋아, 주문이 줄고 있는 것은 일시적인 거야. 곧 신제품이 나오면 주문이 늘어날 테지. 그러면 이렇게까지 잘라 내지 않아도 되지 않겠나?"

다카스기 과장은 무릎 위 붉은 수첩에 손을 올려둔 채 말했다.

"공장장님, 저도 그랬으면 합니다. 그러나 그건 소망이지 않을까요?"

"뭐라고, 소망? 그렇지 않네. 지금까지 나는 그렇게 해서 이 공장을 지켜왔네."

"성공 경험입니까?

"아, 그렇네. 경험일세. 그러니까 이렇게까지 하지 않아도 되네."

다카스기 과장을 필사적으로 구슬렸지만, 그는 내게 이렇게 말했다.

"정말 과거의 방식으로 넘기실 겁니까? 지금 결정하지 않으면 중요한 것을 잃습니다."

네가 뭘 알아. 공장을 잃어? 지금까지 이 방식으로 극복해 왔다고. 시선을 창밖으로 돌리고 "아, 괜찮네."라고 대답했다. 그러자 다카스기가 말했다.

"공장장님의 그런 성공 경험이 이번은 통하지 않을 거라고 생각합니다. 완전히 상황이 다릅니다. 본사는 진짜로 집행할 겁니다."

뭘 안다고. 나는 아무 말 없이 창밖을 봤다. 다카스기는 사이를 두고 말했다.

"저는……, 싫습니다. 더 이상 잃고 싶지 않습니다."

당할쏘냐! 이 공장도, 직원들도, 그리고 이 위치도 내가 지켜온 거야. 전부 내 거라고.

"다카스기, 이제 됐네. 이 종이는 내가 갖고 있겠네. 최종 결정은 공장장인 내가 하지."

다카스기는 뭔가 논리적으로 말하고 있지만, 내 귀에는 들어오지 않았다.

곧 경기가 좋아질 거고, 지금까지 했던 대로 종이에 숫자만 맞추고 어물쩡 넘기면 되지. 그래도 안 되면 야간 임원 회의를 소집하면 된다고. 나는 지금까지 그렇게 해냈어.

"끈질기군. 자네는 총무과장일세. 이 건은 내가 최종 결정을 내리지. 자네는 손 떼게."

나는 주인 없는 개를 내치듯 그녀를 방에서 내쫓았다. 과장 따위가 무슨 소리를 지껄이는지.

다카스기는 놀랍게도, 감정적으로 반응하며 자리에서 일어나 공장장실을 나갔다.

선택과
집중의
기술 16

끊임없이
새롭게 도전한다

⌴ 성공 경험을 다음 성공으로 이끄는 팁

경험은 성공 확률을 높입니다.

인바스켓식 사고에서도, 이론이나 지식을 배우는 것보다도 실제로 유사 체험을 하고 경험에서 배우는 것에 중점을 두고 있습니다. 경험은 최고의 학습입니다.

경험은 실패의 원인이 되기도 합니다. 비즈니스에서 성공하는 비결을 물어보면, '3K'라고 말씀하시는 분이 있습니다. 카(か)단으로 시작하는 세 단어 '경험(けいけん/Keiken/)' '직관(かん/Kan/)' '기세(きあい/Kiai/)'를 뜻하는 말입니다. 확실히 그것도 하나의

요인이라고 생각하지만, 무리하게 몸만 쓰는 방식은 실패의 원인이 될 수 있습니다. 특히 과거의 경험에 지나치게 얽매이면 새로운 도전에 걸림돌이 되고, 착각에 사로잡혀 실패하는 원인이 되기도 합니다.

매니지먼트나 경영, 비즈니스에는 성공 경험이 어느 정도 필요하다고 생각합니다. 예컨대 거래처와 상담할 때 어떤 제안을 하면 좋을지 고민스럽다면, 과거의 성공 경험을 바탕으로 준비하면 성공 확률을 높일 수 있습니다.

그러나 실제로 성과를 올리는 사람이 모두 성공 경험을 바탕으로 하고 있느냐 하면 그렇지 않습니다. 프로세스 하나가 더 추가됩니다. 과거의 성공 경험을 연장시키는 것이 아니라, 성공 경험을 검증한 다음 응용하는 프로세스입니다.

⋁ 그대로 적용했는데 통하지 않는 이유

인바스켓에서는 과거의 체험이나 경험을 한 차례 뒤집어 백지 상태로 생각할 수 있는 능력을 '창조력'이라고 합니다.

어째서 이러한 능력을 평가하느냐 하면, 우리를 둘러싸고 있는 환경은 항상 급격히 변하고 있고 거기에 과거의 성공 경험이 맞아떨어지지 않는 경우가 많기 때문입니다.

처음 책을 낼 때 저는 그 당시 잘 팔리는 책에 대해 연구했습니다. '비즈니스 서적은 스토리텔링으로 기술해서는 팔리지 않는다.'라는 말을 성공 경험이 있는 편집자로부터 들었습니다. 그러나 저는 행동을 촉발해야 하는 이 책의 성격상 되도록 독자가 주인공이 될 필요가 있으므로 이야기를 넣었습니다.

그 덕분에 첫 책은 10만부 넘게 팔린 베스트셀러가 되었습니다. 그러나 두 번째 책에서도 동일한 형식을 도입했더니 생각만큼 판매되지 않았습니다.

즉 성공 경험을 그대로 적용시켰는데 통하지 않았습니다. 왜냐하면 그 성공 경험이 진정한 성공의 요인이었다고 검증할 수 없었기 때문입니다. 많은 경우 흔적을 더듬거나 주관이 들어가 있는 '소망 성공 경험'입니다.

'성공 경험은 하나의 선택지로서 생각한다.' 이것이야말로 '필요 성공 경험'입니다. 소망 성공 경험을 근거로 한 망상은 버려야 합니다. 과거의 성공 경험에 사로잡히지 말고 오히려 어떻게 하면 성공할지, 좀 더 성공률을 높이기 위한 아이디어를 내는 데 힘을 쏟읍시다.

⩗ 계속 도전해서 선택지를 넓히자

아이디어를 내려면 몇 가지 대책을 세우는 것이 중요합니다.

이때 반드시 복수의 대책을 비교하여 검토 해야 합니다. 비교해서 성공률을 높이는 아이디어를 찾는 데 집중하면 망상에 근거하는 것보다 훨씬 효과적입니다.

하나의 성공 경험에 집착하면 성공 경험을 늘릴 수 없습니다. 새롭게 도전하여 성공 경험을 늘리면 향후 본인의 선택지가 넓어집니다.

성공의 큰 요소는 '결정에 도달하는 프로세스'입니다. 한 가지 더 언급하면 '많은 선택지를 갖고 그것을 상황에 맞게 분별하여 사용할 수 있는 능력'이라고 할 수 있습니다. 그 선택지를 얻으려면 때로는 성공 경험을 버릴 필요가 있습니다.

버리기 팁

■

과거의 성공 경험과는 다른 방식으로 성공할 방법이
없는지 생각한다.

버려서 얻는 것

■

새로운 선택지를 손에 넣을 수 있고, 성공률이
더 높아진다.

17장

짊어지고 있는 것을 버리자

"다 버리고 홀가분하게
꿈을 이루자"

✋ 공장장이 교체되다

모치즈키입니다.

어제 갑자기 전 직원이 회의실에 소집되었습니다. 공장 폐쇄
가 정식적으로 결정되었나 싶었는데 그게 아니었습니다.

공장장 교체였습니다.

야마모토 공장장은 의원사직(근로자가 사직 의사표시를 하거나 근
로계약 해약을 승낙하여 근로관계를 종료하는 것)으로 처리되고 후임은
다카스기 과장이 맡게 되었다.

그리고 나는 총무과장이 되었다.

총무과 직원도 이동이 있었다. 야기 씨는 제조과에 배속되었다. 아무래도 업무 내용과 근무지를 비교하여 선택한 듯하다. 벌써 작업복을 입고 기계를 정비하고 있다. 공장장과 함께 일할 수 있는 것에서 보람을 찾은 것 같다.

총무과는 나와 나쓰미네 씨, 그리고 오카무라 씨 세 명이 꾸려 가게 되었다. 당분간은 다카스기 공장장이 지원해 준다고 한다.

좀전에 공장장실에 서류를 가져갔는데, 야마모토 공장장이 골판지 상자에 개인물품을 넣고 있었다. 상패와 골프 경기 트로피, 그리고 좋아하던 만년필 꽂이를 정성껏 싸고 있었다.

"다시 언젠가 사용할지도 모르니."

불쑥 그렇게 말했다.

의원사직이라고 하는 것은 완전 거짓말이다. 야마모토 공장장은 회사에서 퇴직을 권고받은 것이다. 나는 공장장이 본사에 가서 이 공장의 앞날을 결정하는 회의를 끝내고 돌아왔다는 것을 알고 있다.

공장장이 제출한 계획서는 본사가 거들떠보지도 않고, 대신 다카스기 과장이 제출한 계획서가 통과되었다고 한다. 그리고 공장장은 회의 종료 후 이사진으로부터 "이제 자네가 앉을 자리는 없네. 자리가 있다고 해도 서서 일하는 곳이네."라는 선고를 받았다고 한다.

공장장은 다카스기에게 당했다고 몇 번이나 말했다. 나 역시 공장장에게 동정이 간다. 아무리 회사 상황이 어렵다고 해도 30년 가까이 근무해 온 공장장을 간단히 잘라 버리는 처사는 가혹하다.

공장장에게는 고등학생인 아들이 있다. 올해 입시시험을 치른다고 들었다. 50세가 넘어서 재취업을 하기는 어려울 것이다. 그런 점을 배려했더라면 하는 생각이 든다.

� 버리지 않으면 지킬 수 없다

내 생각을 그대로 다카스기 공장장에게 전했다. 이 시점에 말해두지 않고서는 함께 일을 해나갈 수 없겠다는 생각이 들었다.

"모든 것을 중요시할 수는 없어."

다카스기 공장장이 말했다. 평상시 웃는 얼굴이 아니라 매우 쓸쓸하게 뭔가를 짊어진 표정이었다.

"내가 하고 있는 일이 심한 것일지도 모르겠어. 그렇지만 뭔가를 버리지 않으면 아무것도 지킬 수 없다고."

"저는 잘 모르겠습니다. 모두가 행복해지는 방법이 있지 않을까요?"라고 호소했다.

"자네는 스스로가 무엇을 짊어지고 있는지 보이나? 나에게는 보여. 짊어지고 있는 것을 버리는 용기를 가지라고. 그러지 않으면 중요한 것을 지킬 수 없지……. 아니, 빼앗겨 버린다고."

'짊어지고 있는 것을 버리지 않으면, 중요한 것을 빼앗긴다.'

그래서 버리는 건가? 아니 잘못됐어. 모두 지킬 수 있어.

내가 납득하지 못한다는 표정을 내비치자, 다카스기 공장장은 미소를 지으며 말했다.

"자네는 짊어진 게 너무 많아. 한번 무엇을 짊어지고 있는지 알아보는 것도 중요하지."

그리고 픽 웃더니, "예전의 나랑 꼭 닮았어."라고 말했다.

↳ 짊어지고 있는 게 너무 많다

무엇을 짊어지고 있는 걸까요? 확실히 무겁습니다. 신임 과장이라는 자리, 회사의 앞날에 대한 불안감, 제조과로 배속된 야기 씨, 그건 제 판단이었습니다. 그의 장래……. 게다가 제 자신의 앞날에 대한 불안감도 큽니다. 지켜야 할 것이 너무 많은 걸까요?

앞으로 좀 더 무거워지려나 싶어, 발을 내디딜 수 없을 것 같은 그런 기분이 듭니다.

목적지를 향해
나아가라

∨ 어째서 꿈을 잃어버리는가?

인생을 여행에 비유하는 사람이 많습니다. 여러분의 여행 비법
은 무엇입니까?

저는 출장을 포함해 연중 어딘가로 여행을 떠나는데, 그 와중
에 얻은 비법이 '단출함'입니다.

처음에는 슈트케이스가 빵빵하게 이것저것 쑤셔넣고 움직였
습니다. 여행 중 읽을지도 모르는 책이라든가 전자기기, 겉옷과
손난로, 수건까지 쑤셔 넣고 이동했습니다. 그 짐의 무게에 어
깨가 뻐근할 정도였습니다.

출장 중에 비는 시간이 생기면 박물관이나 공원, 사적을 둘러보고 싶지만, 짐이 많으면 그것도 뜻대로 되지 않습니다. 그래요, 짐이 지나치게 무거운 겁니다. 짐 때문에 포기할 수밖에 없으니 안타까운 생각이 듭니다. 때로는 짐을 옮기기 위해 움직이고 있는 것처럼 느껴질 정도입니다.

우리는 인생을 살아가면서 여러 가지를 짊어지게 됩니다. 지금까지 접촉해 온 인간관계와 정보, 입장과 틀, 게다가 지위가 올라간 만큼 짊어져야 하는 책임, 지켜야 할 부하와 가족도 늘어납니다.

그것들을 밑거름으로 힘을 내는 사람도 있습니다. 제 자신도 원고 마감이라는 짐을 짊어졌기 때문에 집필에 힘을 집중하고 있습니다.

그러나 한편 너무 많은 짐을 짊어져 본인이 원래 하고 싶었던 것이나 꿈, 비전을 포기하는 사람도 적지 않습니다. 손 안에 있는 것을 잃게 되는 안타까움이 아직 수중에 들어오지 않은 것을 잃는 아쉬움의 몇 배 정도 되지 않겠습니까? 그렇지만 어느 쪽이라도 잃게 되는 건 분명합니다.

제게는 눈앞에 있으나 손에 넣지 못한 채 잃어버린 것이 더크게 보입니다.

↳ 짐을 내려놓고 목표한 길로 나아가라

사람이 짊어질 수 있는 것은 그렇게 많지 않습니다. 그럼에도 불구하고 필사적으로 짊어지고 그 위에 더 얹은 사람이 저한테 옵니다. 게다가 더 많이 짊어질 수 있는 방법을 알고 싶어 합니다.

지금, 여러분이 짊어지고 있는 것 중에는 버리는 편이 나은 게 많습니다. 알지도 못하는 미래에 대한 불안, 본인의 망상에 따른 타인의 공격, 실패에 대한 리스크 등 그것들 대부분이 '소망 짐'입니다. 있다고 생각하면 어김없이 무한정 생겨나죠. 머릿속에 소용돌이치는 의혹도 소망 짐입니다.

짊어지고 있는 것을 한번 들여다 봅시다. 그리고 버려야 할 것은 버립시다.

여러분이 주력해야 할 것은 많은 것을 짊어지는 것이 아니라, 스스로 지향하는 목적지를 향해 나아가는 것입니다. 짊어진 것을 위해 사는 것이 아닙니다.

소망 짐은 던져 버리고 홀가분하게 얻을 수 있는 것. 그것은 지금까지 여러분이 손에 넣을 수 없었던 자유일 수도 있고 꿈일 수도 있습니다. 어쩌면 시야에는 들어왔으나 알아채지 못했던 꽃의 아름다움이나 사람들의 친절함일지도 모르겠습니다.

그것들은 짐을 진 상태에서는 보이지 않습니다.

자, 짐을 내려놓고 정말 여러분이 가고 싶은 길로 나아갑시다.

**버리기
팁**

지금 떠안고 있는 것을 리스트로 만들어 본다.
가능한 연필로 쓰고, 지우개로 한번 지워 본다.

**버려서
얻는 것**

여러분의 가능성이 넓어진다.

마지막
이야기

버리지 않으면 빼앗긴다

⩗ 엄마랑 늘 함께 있고 싶어

일요일 오후 어느 공원. 상공에는 구름 한 점 없이 맑고 파란 하늘이 펼쳐져 있다.

다카스기가 벤치에 앉아 있다. 평상시의 정장 차림이 아니라, 옅은 핑크색 소재의 스트라이프가 들어간 원피스 위에 흰색 카디건을 걸치고 있다.

주위에는 가족끼리 나들이 나온 세 가족 정도가 피크닉 돗자리를 펼쳐 놓고 있다. 다카스기 앞에 흰색 모자를 쓴 소년과 아버지가 캐치볼을 하고 있다.

다카스기는 그 모습을 TV를 보는 것인 양 보고 있다.

"엄마, 엄마~아."

다카스기가 벤치에서 튀어오르듯이 일어났다.

빨간 원피스에 포니테일 머리 모양을 한 소녀가 벤치 옆 공원 입구에 멈춰선 흰색 세단에서 내려 쏜살같이 달려오더니 다카스기의 품으로 뛰어들었다.

"아야카, 말 잘 듣고 있었어?"

다카스기도 소녀의 얼굴과 어깨 사이에 몇 번이나 얼굴을 비벼댔다.

다카스기는 공원 입구에 서 있는 흰색 세단의 운전석을 봤다. 감색 블레이저를 입고, 약간 거무스름한 렌즈의 선글라스를 쓴 남자도 이쪽을 보고 있다.

"아야카, 아빠가 이거 사주셨어?"

다카스기가 아야카에게 물었다.

"응, 이거 있지, 아야카 생일 선물로 사 줬어. 아, 엄마한테서 받은 이것도 소중히 하고 있어. 봐."

아야카는 가슴에서 목걸이 줄을 끌어당겨 하트 펜던트를 보여 줬다.

"고마워, 아야카……. 너무 기뻐."

다카스기가 잠긴 목소리를 내며 토끼 무늬 손수건으로 눈가를 눌렀다.

아야카가 걱정스럽게 다카스기를 올려다보며 말했다.

"엄마, 울지 않는다고 약속했지. 안 돼, 울면. 아야카가 선물로 준 토끼가 젖어 버리잖아."

"미안, 울지 않는다고 약속했는데. 미안, 아야카."

아야카는 다카스기가 더욱 오열하는 것을 보고 참지 못하고 울기 시작했다.

"엄마, 아야카는 말야. 아빠가 말하면 안 된다고 했지만, 엄마랑 늘 함께 있고 싶어. 왜 함께 있을 수 없어?"

"아야카……. 미안. 엄마가 나쁜 거야."

"친구 가이가 말야. 아야카는 왜 엄마가 없냐고 물었단 말이야."

"으으……. 미안. 미안해."

"곧 다시 돌아온다고 말했지. 언제 다시 아빠랑 엄마랑 아야카랑 함께 집에서 살게 돼? 응, 언제?"

다카스기는 대답하지 못하고 오열하며 아야카를 꼭 껴안았다.

미안, 아야카.

"아야카, 엄마를 울리고 곤란하게 하면 안 돼."

우측에서 남자의 목소리가 들렸다.

아야카가 다카스기의 품에서 얼굴을 들어 소리 나는 쪽을 봤다.

"아야카는 엄마를 곤란하게 하는 짓은 안 해. 엄마가, 엄마가⋯⋯."

아야카가 고개를 숙이고 울기 시삭했다. 남자는 아야카를 다카스기에게서 떼 내어 껴안았다.

"오늘은 이 정도쯤 하지 그래. 아야카가 가엾잖아."

"싫어. 아야카, 엄마랑 더 있을거야."

아야카가 거세게 발버둥쳤다. 체크무늬 리본이 달린 구두 한 짝이 소리 없이 지면으로 떨어졌다. 다카스기는 너무나 가벼워 보이는 구두를 가만히 아야카의 발에 신겼다.

"아직, 이 구두가 아야카한테는 크네."

일어서서 아야카와 눈을 맞춘 후 이렇게 말하고는 눈물 때문에 아야카의 얼굴에 들러붙은 머리카락을 새끼손가락으로 살며시 떼어 냈다. 아야카는 울음을 멈췄지만 딸꾹질이 나왔다.

"아야카, 미안, 엄마가 울어서. 다음엔 울지 않을 거야."

다카스기가 아야카의 얼굴을 새기듯이 봤다.

"아야카, 자, 아빠랑 돌아가야지."

"싫어, 싫어, 엄마도 같이 가. 응, 엄마 같이 가자."

"미안, 아야카."

남자는 아야카를 껴안고 차로 걸어갔다. 다카스기가 몇 발짝 쫓아갔다. 아야카가 남자 품에서 힘껏 손을 내밀며 다카스기를 향해 몇 번이나 소리를 지른다.

다카스기는 손을 크게 흔들며, 아야카가 눈물 바람으로 차에 태워져 안전벨트가 채워지는 것을 보고 있다. 그리고 차가 움직이는 순간까지 손을 차창에 대고 우는 아이를 눈으로 쫓았다.

차가 서서히 움직이더니 가로수 사이로 사라졌다.

그 순간 다카스기는 스위치가 꺼진 것처럼 무너지듯 벤치에 앉아 토끼무늬 손수건에 얼굴을 묻고 울었다. 주위 사람들은 약간 거리를 두고 다카스기 앞을 지나쳐 간다.

잠시 후 다카스기는 뭔가가 가까이 다가오는 것을 느꼈다. 주인 없는 개였다. 귀가 늘어진 갈색 개였다. 다카스기가 갖고 온 피크닉 박스에는 샌드위치와 아야카가 좋아하는 튀김이 들어 있다. 개가 킁킁 냄새를 맡고 있다. 다카스기가 개를 내려다보며, 도시락 통에서 튀김 하나를 꺼내 손바닥에 올려 주었다. 갈색 개가 금방 먹어 치우고는, 다카스기 손바닥을 핥았다.

'전부를 지키기에 내가 부족했어.' 다카스기는 생각했다.

"과장……, 아니 공장장님."

다카스기가 감전된 듯 놀라며 목소리가 나는 쪽을 봤다. 거기에는 모치즈키가 런닝복 차림으로 서 있다. 다카스기가 당황하며 아직 젖어 있는 눈가를 손수건으로 훔쳤다.

"공장장님, 죄송합니다. 그만……."

모치즈키가 머리를 숙였다. 다카스기가 머리를 숙인 채 고개를 옆으로 흔들며 말했다.

"후후……, 공원에서 이렇게 소리 높여 우는데 눈에 띄는 게 당연하지."

그렇게 말하고 살짝 옆으로 움직여 앉을 자리를 내줬다.

"괜찮습니까?"

모치즈키가 그렇게 말하며, 벤치 끄트머리에 떨어지지 않을 정도만 엉덩이를 걸쳤다.

"자제분인가요?"

"어, 딸이야. 지금 아빠랑 살고 있지."

"그렇습니까."

모치즈키의 말이 벤치 앞 지면으로 떨어졌다.

"벌써 반 년이 되었어. 한 달에 한 번밖에 못 만나."

"그게 방금 전이군요."

"응, 전부 내가 잘못한 거지만. 내가 딸을 버린 걸지도."

"그런 건 아니죠. 그렇게는 보이지 않습니다."

"아니, 아침 첫차로 출근, 귀가는 막차 아니면 택시로 돌아가는 나날이었어. 결국 몸도 마음도 망가져서 알콜에 의지해 지냈지. 이런 엄마는 아이…… 가정을 버린 거나 다름없어."

모치즈키는 억지로 웃으려는 다카스기의 쓸쓸한 미소가 안

쓰러웠다.

"일 년 전 크리스마스 이브였어. 프로젝트를 사장단에게 발표하기 전날, 저녁 여덟시가 넘었을 때 딸한테서 문자가 왔어. '열나고 힘들어.'라고."

"네, 괜찮았습니까?"

"그런데 내 답장은 이거였어."

그렇게 말하고 다카스기가 자신의 스마트폰을 내밀어 문자 화면을 보여 줬다. 거기에는 세 줄 정도가 쓰여 있었다.

"아야카, 미안. 엄마가 일 때문에 좀 더 시간이 걸릴 것 같아. 그래도 서둘러 집에 갈 테니, 그때까지 기다리고 있어. 부탁할게. 엄마."

모치즈키는 문자를 보고 얼굴을 찌푸렸지만, 양손으로 얼굴을 가리고 있는 다카스기에게는 말을 삼켰다.

"심하지. 결국 몇 시간 후에 병원에서 전화가 왔어. 남편이 출장지에서 구급차를 불러서."

"다행이었네요……."

"그래도 말이지, 링거를 꽂고 있는 아야카를 보고, 그리고 이마에 알알이 맺혀 흐르는 땀방울을 보고 나는 무엇이 중요한 것인지 깨달았어."

"그렇습니까."

"아야카가 그때 힘없이 웃으며 말했어. '엄마, 늦었네'라고."

모치즈키도 눈에서 눈물이 넘쳐흐르는 것을 참을 수 없게 되었다. 다카스기가 손수건으로 눈물을 닦으며 나부지게 말했다.

"모두 지키기엔 내가 너무 부족했어. 전부 지킬 정도로 대단하지 않다고. 그때 알았어. 스스로 뭔가를 버리지 않으면, 중요하게 여기던 것을 잃게 된다는 걸 알았지."

"과장…… 아니 공장장님. 물어봐도 괜찮을까요?"

"…… 뭘?"

"전임 공장장에게 제출하신 계획서에 본인의 사직서도 함께였다는 것이 사실입니까? 혹시 본인이 그만두는 것으로 비용을 줄일 생각이셨습니까?"

다카스기는 눈물을 멈추려는 듯 눈을 감고 말했다.

"기각당했지만."

"어째서 그런 일을?"

"내게서 소중한 것이 없어지는 것 같아서."

"무엇이요? 무엇이 없어질 것 같았다는 겁니까?"

다카스기가 흘러가는 구름으로 시선을 옮겼다.

"모르겠어. 그렇지만 그걸 알게 되는 건 뭔가를 잃은 다음이지……. 빼앗기기 전에 버리지 않으면 안 돼."

"버리지 않으면 빼앗긴다……."

"그래. 버리지 않으면 빼앗겨. 아니, 뭔가에 집중하지 않으면 전부 빼앗긴다고."

그리고 두 사람은 아무 말도 없이 눈앞에서 캐치볼을 계속하고 있는 부자를 응시했다.

일요일 오후 공원에서 둘은 그림처럼 조용히 앉아 있다. 마치 주변의 느긋한 풍경에 동화된 것처럼.

3부

2할에
집중한다

여유가 생긴 시간과 힘을
어떻게 사용할까

여유가 생겨도 순식간에 사라진다

지금까지 '버리기' 행동을 중점적으로 다루었습니다. 그렇지만 사실 버리기가 중요하다는 말씀을 드리고자 한 것은 아닙니다. 버려서 얻게 되는 것을 깨달았으면 합니다.

버린다는 결정은 가장 어려운 결정이라고 생각합니다. 이를 테면 결단이라고 해도 좋겠죠. 어려운 결정에는 리스크가 따르지만, 한편으로 크게 얻는 것이 있습니다. 버림으로써 생기는 시간과 힘입니다.

예를 들어 제가 쓰려고 구상 중이던 책을 쓰지 않고, 포기한다고 합시다. 정량적으로 표현하면, 대략 8만자의 문자를 타이핑하는 힘이 남습니다. 타이핑하려면 시간도 필요하고 힘도 필요합니다. 그 시간이나 힘을 다른 기획에 집중하면 더욱 좋은 책을 쓸 수도 있습니다.

책을 쓰는 목적은 독자가 읽고 깨달음을 얻는 것입니다. 깨달음이 모자라는 책 두 권을 쓰기보다는, 집중함으로써 깊이 있고 커다란 깨달음을 얻는 책 한 권을 쓰는 편이 성과가 좋습니다.

이렇게 남는 힘을 집중시키는 것이 이상적이지만, 현실에서는 어렵다는 말을 자주 듣습니다. 여유가 생긴 힘은 순식간에 분산되어 증발한다는 것입니다.

예를 들어 야근에 헉헉대는 부하의 업무를 분석하여 하지 않아도 되는 일을 찾아내 그 일을 버린다고 합시다. 일시적으로는 야근이 줄지만 서서히 다시 늘어납니다. 이러한 내용의 상담 요청을 여러 번 받았습니다.

Ⅴ 여유 증발을 막는 단 한 가지 방법

남는 시간 동안 무언가에 집중하지 않으면, 그 시간은 순식간에 분산되어 증발됩니다. 그렇게 되지 않으려면 힘을 묶어두는 것이 필요합니다. 만약 뭔가를 버렸다 하더라도 시간과 힘에 여유가 생기지 않는다면 어딘가로 분산되어 증발되어 버렸다는 뜻입니다.

그 분산과 증발을 막는 방법은 한 가지입니다. 계획을 세우는 것입니다. 우선 집중할 사항을 정해서 일단 일정표에 넣어 두면 생겨난 여유가 순식간에 사라지지 않습니다.

만약 쓸모없는 인간관계를 버리고 남는 시간을 자신에게 투자해 영어 학원에 다니기로 했다면, 인간관계를 버리기 전에 어학원에 수강 신청을 합니다. 이렇게 하면 모처럼 생긴 시간과 힘이 분산되지 않습니다.

집중할 곳을
잘 결정한다

﹀ 집중하면 이익이 어느 정도 생기는가

전 직장에서 슈퍼마켓 매장 지도를 했을 때 있었던 일입니다.

밸런타인데이를 맞아서 행사 코너 준비를 할 때였습니다. 각 매장이 경쟁하듯이 행사 코너를 만들고 있었습니다. 어느 매장 책임자가 배경음악(BGM)에 사람과 힘을 집중했습니다. 오리지널로 음악을 만드는 데 상당한 힘을 쏟았고, 장식에도 힘을 쏟았습니다. 그런데 정작 중요한 상품 진열이나 판매대는 뒷전이었습니다. 힘을 집중시켜야 할 곳이 틀린 것입니다.

성과가 나지 않는 부분에 아무리 집중해 봤자 소용없습니다.

성과가 나는 부분과 나지 않는 부분의 차이가 소망과 필요의 차이입니다.

집중할 곳이 소망인지, 필요인지 구분하려면 정량적으로 생각하는 것이 중요합니다. 어떤 이익이 생기는지, 어떤 범위에 영향을 미치는지, 객관적으로 생각하면 집중할 곳이 보입니다.

행사 코너에 어떤 상품을 어떻게 진열할 것인지 처음부터 끝까지 확인하지 않으면 매출로 연결되지 않습니다. 배경음악이 흐르지 않는다 해도 상품은 팔립니다. 어디에 집중하면 어느 정도 매출이 오를까 생각하는 데 집중합니다. 사실 버리기보다 집중할 곳을 결정하는 것이 중요합니다.

당신의 힘을 미래로 향하게 하자

인바스켓 평가에서 사용하는 우선순위 매트릭스에서 B사분면이 성과가 나오는 업무입니다. B사분면은 '기한은 없지만 본래 해야 할 중요한 사항'을 뜻합니다. 업계나 직무, 연령에 따라 약간씩 다르지만, 일반적으로 다음과 같은 업무에 해당됩니다.

- 인재 육성
- 유지 관리
- 유익한 인계관계 구축

- 전략 수립

- 계획 입안

- 자기계발

- 예상되는 리스크에 대한 대응책

- 아이디어 등

〔우선순위 실행 매트릭스〕

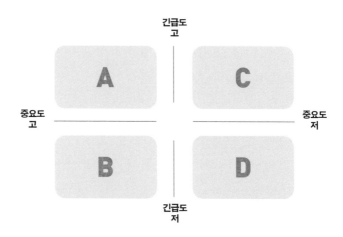

지금까지 여러분이 집중해 왔던 일들과 결정적인 차이가 있음을 알겠습니까?

그 차이가 '미래에 집중하는 것'입니다. 여러분 주변에 우수하다고 평가받는 사람이나 존경받는 사람이 어디에 집중하는지 보십시오. 필시 미래에 집중하고 있음을 알 수 있을 겁니다. 무익한 관계보다 미래에 도움이 되는 인간관계에, 실패를 후회하기보다 앞으로의 계획 수립에, 그리고 지금 눈앞의 업무보다 장기적으로 전략적인 업무에 말입니다.

집중해야 할 것은 '미래'입니다. 현재 짊어지고 있는 것을 버리고 여유가 생긴 힘을 미래에 집중하십시오. 반드시 행복한 미래로 연결될 겁니다.

전략적인 인간이
목표를 이룬다

전략적 인간과 전술적 인간

마지막으로 이 표현을 쓸지 말지 망설였습니다.

'전략'이라는 표현에 알레르기 반응을 보이거나 오해를 하고 있는 사람이 많기 때문입니다. 뭔가 어렵거나 일부만 사용하는 것처럼 생각되기도 합니다.

그러나 저는 만약 인간을 두 가지 타입으로 나눈다면 '전략적 인간'과 '전술적 인간'으로 나눌 수 있다고 생각합니다.

전략을 상세하게 설명하자면 책 한 권이 될 테니 알기 쉽게 한 줄로 표현해 보겠습니다. 전략적 인간이란 '목적과 그것을 달성할 시나리오를 만들 수 있는 사람', 전술적 인간은 '수단을 실행하는 사람'입니다.

미래의 목표를 스스로 만들어 거기에 다다르기까지 길을 정할 수 있는 사람이 전략적 사람이고 큰 성과를 내어 다른 사람보다 우위에 설 수 있습니다.

꿈이 오토바이 판매점을 개업하는 것이라면 그것을 실현하기 위해 어떤 계획을 세워야 할지 생각하고, 그 계획을 따라 확실하게 실행하면서 다른 사람은 하지 못했던 것을 이루어 내는 것이 전략적 인생입니다.

전술적 인생은 눈앞의 업무에 쫓겨 많은 것을 짊어지고, 그저 흘려보내듯이 하루하루 보내며 떠돌다 다다르게 된 곳에서 후회와 반성을 하는 그런 인생입니다.

⌊ᐟ '선택과 집중'이 꿈과 행복을 실현시킨다

전략가와 전술가의 차이는 단 한 가지, '취사선택과 집중'이 되는가 안 되는가 하는 것입니다. 버릴 부분은 버리고 힘을 집중할 수 있는가 하는 것뿐입니다.

전부 지키려는 의지는 훌륭한 것입니다. 저 역시 그렇게 하고 싶습니다. 그러나 그것은 전부 잃을 위험, 빼앗길 위험이 있습니다. 그러니 선택과 집중은 여러분의 꿈과 행복을 실현하기 위해 필요합니다.

이 책을 읽고 짊어진 짐을 덜어 내 조금 홀가분해지셨나요? 그러나 아직 짊어지고 있는 것이 많을지도 모릅니다. 짊어지고 있는 것을 제대로 볼 용기, 그리고 버릴 용기를 가지십시오. 여러분 자신을 더 소중히 대했으면 좋겠습니다.

결코 버리면 안 되는 것

이 책은 버려야 할 것, 그리고 버려서 생기는 힘을 집중시키는 것에 대해 썼습니다. 독자분들처럼 제 자신도 여러 가지 짊어지고 있는 것을 버렸습니다.

지금까지 해 왔던 좋아하던 업무도 부하 직원에게 맡겨 버렸습니다. 수강생 전부를 변화시켜야 한다는 강사로서의 소망을 버리고, 바꿀 대상으로 설정한 수강생 숫자도 줄였습니다. 읽고 싶다고 쌓아 뒀던 책도 큰맘 먹고 소망 책과 필요 책으로 나누어 버렸습니다.

버린 것을 객관적으로 보면 알게 되는 것이 있습니다. 자신이 지금까지 짊어지고 있던 것은 지금까지 자기가 걸어온 역사입니다.

그러나 버리고 나면 그것을 다시 손에 넣고 싶지는 않습니다. 그것은 과거에 대한 미련이고 지금 필요한 것이 아니기 때문입니다.

여러분도 버린 것을 객관적으로 볼 기회가 있다면, 부디 거울에 비친 본인의 모습을 보듯이 들여다 보십시오. 본인의 과거 행적을 알 수 있을 것입니다.

마지막으로 드리고 싶은 말씀이 있습니다.

'버리면 안 되는 것'이 있습니다.

한 친구가 꿈을 말하는 것을 그만뒀습니다. 저는 그가 열띠게 꿈을 이야기하는 모습을 좋아했는데, 언제부터인지 꿈에 대해 이야기하지 않고 회사 비판이나 수입, 연금 등 짊어지고 있는 것에 대해서만 얘기하기 시작했습니다.

유감스럽게도 그 뒤로 얼마 동안 만나지 않았습니다. 짊어지고 있는 것에 소년 시절부터 동경해 왔던 꿈을 빼앗긴 건지, 아니면 스스로 지탱할 수 없게 된 건지 그건 명확하지 않습니다.

강연에서 20대 수강자들로부터 "꿈이 무엇이냐?"는 질문을 자주 받습니다. 저는 명확하게 제 꿈을 말합니다. 그리고 되묻습니다. "여러분의 꿈은 무엇입니까?"라고. 그러면 "아직 없습니다."라고 답하는 사람이 많다는 것에 놀랍니다. 틀림없이 꿈을 찾는 것에 지금, 힘을 집중시키고 있는 것이겠지요.

버려서는 안 되는 것, 그것은 여러분 자신입니다.

버려야 할 것과 버려서는 안 될 것, 이 말씀을 드리고 펜을 내려놓고자 합니다.

마지막으로 이 책을 발행하기까지 가까이에서 조언과 지도를 해 주신 다이와출판사 사토 님을 비롯한 관계자 분께 깊이 감사합니다. 항상 읽어주시는 독자들께도 감사의 말을 전하고 싶습니다.

읽어 주셔서 고맙습니다.

부디 이 책이 여러분이 짊어지고 있는 것을 내려놓는 계기가 되기를 진심으로 기원합니다.

도리하라 다카시

버린 후에 비로소 얻은 것들

직장 생활 경력이 적은 편은 아니지만 해외에서의 근무 경험은 처음이어서 낯설었습니다. 해외 근무 5개월째에 접어들던 때 지인인 출판관계자 분의 소개로 이 책을 접하게 되었는데, 업무 영역이 확장되어 적응에 조금 힘들던 시기였습니다. 그때 제가 안고 있던 고민에 대한 해답이 이 책에 있었습니다. 바로 '버리기'라는 행동이었습니다.

회사를 옮긴 지 얼마 되지 않았는데 업무 범위가 넓어지고 부하 직원이 늘어나 정리가 안 되는 상황이었습니다. 새로운 업무에 적응도 못했는데 어떻게 버릴 수 있을까? 고민스러웠습니다. 저자가 머리말에서 지적했던 사람, 남에게 일을 맡기는 방법이나 필요성은 알고 있지만 실제로는 본인 혼자 업무를 떠안고 있는 사람, 그가 바로 제가 아닌가 싶었습니다. 부하 직원이 늘었다는 것은 관리할 업무가 늘었다는 뜻도 되지만, 일을 맡길 수 있는 사람이 늘었다는 뜻도 된다는 것을 그 순간 깨달은 것입니다.

저는 '맡긴다'는 행동을 해 보기로 했습니다. 혼자 떠안고 있으면 진척도 느리고 본인이 투입할 시간이 늘어나지만, 팀원을 활용하면 확인, 보완 등의 시간이 소요되더라도 혼자 하는 것보다 효율적이라는 것을 체감했습니다. 아울러 팀원들이 성장할 기회를 주는 것이고, 팀원들과의 커뮤니케이션에도 도움이 되었습니다.

외국인으로서 해외 법인에 입사한 제가 조직에 녹아들기 위해 제 나름대로 전략으로 삼은 것이 바로 '가랑비에 옷 젖기'였습니다. 문화, 언어, 법제 등이 다른 곳이다 보니 제가 아무리 언어를 잘 구사한다고 한들 외국인이라는 한계가 있을 것입니다. 따라서 부지불식간에 모두에게 도움이 되는 존재가 되어, 결국 동료들이 저를 필요로 하게 만들자는 작전이었습니다.

동료들이 협조를 구하면 가능한 한 빠른 시간 내에 대응해 주려고 노력했습니다. 거기에 더해, 한국에 있는 지역 본부의 대리인 역할도 잘 수행하여 문화적, 민족적으로 오해가 없도록 하고자 했습니다.

그 결과 2부 7장에 소개된 오카무라 씨처럼 제 본연의 업무 처리가 늦어져 잔업을 계속 해야 했고, 이따금 주말에 출근하는 일도 있었습니다. 그리고 2부 12장 모치즈키 주임 사례처럼 남의 입장을 봐주다가 제 일을 못하게 되는 경우가 발생하기도 했습니다.

모든 이에게 좋은 사람이 될 필요도 없고, 될 수도 없다는 것을 머리로는 잘 알고 있었습니다. 사회에서 좋은 사람은 일처리가 깔끔한 사람이라는 것도 이미 알고 있는 사실이었습니다.

하지만 남에게 싫은 소리를 하거나 거절을 표하기는 무척이나 어렵습니다. 남에게 상처를 주거나 미움을 받게 되는 것이 두렵기 때문인 거죠. 전 직장 상사에게서도 많이 지적을 받았던 부분입니다.

이 책을 통해 제 자신의 일이나 일정을 우선시해도 동료들에게 불편을 끼치지 않고 회사 업무를 제대로 해내는 사람이 좋은 사회인이라는 사실을 다시금 깨닫게 되었습니다.

이제는 행동으로 조금씩 옮기고 있습니다. 갑작스런 자료나 회의 요청이 오면 긴급도를 확인하고, 제 일정에 맞추어 언제까지 또는 이때면 되겠냐고 역으로 제안합니다. 예의를 갖추어 부드럽게 전달하면 별다른 저항 없이 수용됩니다. 그러나 잘 아시다시피 높은 분(경영진)들의 요청은 언제나 일순위입니다.

이 책에서 비용절감의 귀재로 묘사된 다카스기 과장이 관리자로서 자리 잡기 위해 치른 대가는 상당히 뼈아픈 것이었습니다. 표면적으로는 여성의 사회생활이 보편화된 현재에도 많은 워킹맘들이 안고 있는 딜레마를 잘 보여 주는 것으로 보일 수도 있지만, 치명적인 대가를 치르지 않기 위해 미리 버리는 결정을 해야 하는 위치가 관리자(경영자)라는 것을 보여 주기도 합니다. 같은 여성인 동시에 관리자의 입장이다 보니 다카스기 과장의 경험이나 의견에 많이 공감했습니다. 아울러, 제 상사인 임원진을 좀 더 이해할 수 있게 되었습니다.

현 직장에서 인사 처분이 가혹하다 싶을 만큼 냉정하다 느꼈던 일이 있었습니다. 개인 감정을 개입시키니 그 대상자가 너무나 안타까웠습니다. 그러나 감정을 배제하고 사실만을 보고 판단했을 때 회사의 처분이나 결정이 더 큰 손실을 막기 위함임을 알게 되었습니다.

이 책은 사회생활 중에 겪을 법한 고민들과 해결 방안을 제시하고 있습니다. 사례에 나온 인물들이 사회 초년생부터 관리자에 이르기까지 다양하기 때문에 각각의 사례가 경력 연수에 따른 것이라고 오해할 수도 있겠지만, 2부 2장에서 묘사되는 명함을 못 버리는 나쓰미네(입사 1년차)의 모습은 오랜 경력의 관리자에게서도 볼 수 있는 행동입니다.

독자 여러분도 사례의 주인공이 아니라 사례에 기술된 각가의 업무 방식에 초점을 맞춰 보면 본인이 버려야 할 업무 습관이 보일 것입니다. 다만 단순히 발견하는 것에 그치지 않고 행동으로 옮겨야 합니다. 옮기지 않으면 성과로 이어지지 않으니까요.

저는 기존 업무 방식 몇 가지를 버린 후 업무 효율이 점진적으로 개선되는 것을 경험하고 있으며 정신적으로도 여유가 생겼습니다. 여러분도 버리는 용기를 내보시길 권해 봅니다.

끝으로, 번역하는 동안 일본어 관련 질문에 성실하게 대답해 준(그러나 제가 책을 번역한다는 사실을 모르는) 현지 팀원들에게 고마움을 전합니다. 그리고 번역가 그룹인 홍다나 멤버들에게도 고마움을 전합니다.

2016년 8월 도쿄에서
오정희

일 버리기 연습

지은이 도리하라 다카시
옮긴이 오정희

1판 1쇄 발행 2017년 2월 6일

발행인 유성권
편집장 이윤희
기획편집 정지현, 조새움
디자인 심혜지
영업 김선우, 김민석, 이용주, 문영현, 박혜민
제작 장재균
물류 김성훈, 김인찬
외부스태프 표지, 본문디자인 霖design 일러스트 오수진

발행처 ㈜이퍼블릭
출판등록 1970년 7월 28일, 제1-170호
주소 (07995) 서울시 양천구 목동서로 211 범문빌딩
주문 02-2653-5131(104)
팩시밀리 02-2653-2455
문의 milestone@epublic.co.kr
홈페이지 http://www.milestonebook.com

마일스톤은 (주)이퍼블릭 코리아의 비즈니스/자기계발서 브랜드입니다.